TIMES DE ALTA

PERFORMANCE

TIMES DE ALTA PERFORMANCE

O novo papel da liderança na era da autonomia e do engajamento

MAURO PERES

ESPECIALISTA EM LIDERANÇA,
ENGAJAMENTO E CULTURA DE ALTA PERFORMANCE

Amarilys

Produção editorial: Sônia Midori Fujiyoshi
Diagramação e projeto gráfico: Deborah Takaishi
Ilustrações: Carlos Alberto Cordeiro de Sá Filho
Capa: Ricardo Yoshiaki Nitta Rodrigues
Imagem da capa: Freepik

CIP-BRASIL. CATALOGAÇÃO NA PUBLICAÇÃO
SINDICATO NACIONAL DOS EDITORES DE LIVROS, RJ

P511t

Peres, Mauro
Times de alta performance : o novo papel da liderança na era da autonomia e do engajamento / Mauro Peres. - 1. ed. - Barueri [SP] : Amarilys, 2025.

Inclui bibliografia e índice
ISBN 9788520470787

1. Liderança. 2. Capacidade executiva. 3. Sucesso nos negócios. 4. Autonomia. I. Título.

CDD: 658.4092
25-100531.0 CDU: 055.322:316.46

Carla Rosa Martins Gonçalves - Bibliotecária - CRB-7/4782

Edição – 2025

Editora Manole Ltda.
Alameda Rio Negro, 967 – cj. 717 – Alphaville
06454-000 – Barueri – SP – Brasil
Fone: (11) 4196-6000
www.manole.com.br | https://atendimento.manole.com.br/

Impresso no Brasil
Printed in Brazil

Sobre o autor

Mauro Peres possui uma trajetória profissional que combina vivências executivas com espírito empreendedor. Atuou como executivo em empresas renomadas como Arthur Andersen, C&A, Microsoft e UOL. Durante vários anos, foi Presidente da multinacional International Data Corporation (IDC), consolidando-se como um dos principais palestrantes do país sobre o futuro dos mercados de TI e Telecom.

Fundou o MBA60 – primeira empresa a receber investimento da Harvard Angels no Brasil –, a Open Leaders e, mais recentemente, a Opera Education, iniciativa que tem apoiado diversas organizações em seus processos de transformação cultural.

Mauro é graduado em Administração de Empresas pela Fundação Getulio Vargas (FGV), possui MBA pela Babson College, em Massachusetts, além de pós-graduações em Psicologia Analítica Junguiana pelo IJEP e em Transformação de Conflitos e Estudos de Paz pelo Instituto Paz e Mente.

Agradecimentos

Gostaria de expressar minha profunda gratidão a todas as pessoas que gentilmente dedicaram seu tempo e compartilharam suas experiências, reflexões e aprendizados ao longo das entrevistas que contribuíram para a construção deste livro. Cada conversa foi uma fonte valiosa de inspiração e conhecimento, enriquecendo não apenas o conteúdo, mas também o propósito desta obra. A generosidade e a disponibilidade de vocês foram fundamentais para tornar este projeto possível. Muito obrigado!

Alberto Leite
Alexandra Reis
Alexandre Stigert
Ana Tereza Barcelos
Andre Eleterio
Bruno Ferreira
Cassia Messias
Celia Sarauza
Charles Bicalho
Charles Schweitzer
Chris Cook
Claudia Scheil Forgas
Claudio Gorri
Claudio Olimpio
Cleber Morais
Cristiane Zanqueta Coelho
Daniel Castello
Daniel Cifu
Daniel Hoe
Douglas Fernandes Pereira da Silva Junior
Edgard Xavier
Fernando Matt
Fernando Simões
Filipe Vicinança
Francisco de Assis Garcia
Francisco Molnar Neto
Frederico Tostes
Gabriela Boff
Gisele Pereira
Guilherme Bujes
Gustavo Silbert
Gutenberg Silveira
Helcio Beninatto
Helio Costa
Henrique Joji Sei
Ivan Nevado
João Bortone
José Luis Rossi
Jun Endo
Karen Bitran
Leonardo José de Souza
Leonardo Veroneze
Marcelo Carrera
Marcelo Hirata
Marcelo Menta
Marcelo Piquet
Marcelo Spaziani
Márcio Krug
Marco Land
Marcos Cafe
Mariana Gastaldello Ricardo
Mauricio Fernandes
Maurizio Nicolai
Monica Benatti
Pablo Sales
Paulo Bonucci
People| Brand| Innovation
Rachel Soares Garcia
Renato Caetano
Renato Chaves
Ricardo Chisman
Ricardo Neves
Ricardo Pelegrini
Sergio Henrique Ferraz de Souza
Sergio Palma
Silvia Bassi
Silvio Maemura
Solange Beneducci
Sylvio Mode
Thais Cerioni
Valerio Mateus
Vander Guerrero
Vanessa Boiteux
Vitor do Vale
Wagner Andrade
Waldir Arevolo
Walter Hidelbrandi
Werther Krause

Sumário

Prefácio XIII
Endossos XVII
Introdução XXI
A revolução dos visionários ignorados XXI
Autonomia sem alinhamento, governança e um ambiente seguro não dá resultado XXIII
Da Cidade do Cabo a Helsinque em menos tempo XXVII

1. A evolução dos modelos de gestão 1
Bando 3
Grupo 3
Time 4
Quanta autonomia eu devo dar? 7
Sua função como líder é balancear seu tempo entre ser técnico e capitão do time 8
Liderança explícita 9
Seja uma Madre Teresa com as pessoas, mas um ditador com os acordos e combinados 10
Resumo do capítulo 13

2. O que anima as pessoas no trabalho 14
Um time organizado, motivado e focado faz milagres 18
Resumo do capítulo 19

3. Mapa para formar times autogeridos 20

4. **Cultura de empoderamento** **22**
Seja um expert em pessoas 23
Uma maçã podre pode estragar todas as outras 27
Envolva sua equipe na contratação 30
Desenvolva uma mentalidade questionadora 30
Resumo do capítulo 33
Da Cidade do Cabo a Helsinque em menos tempo 34

5. **Liderança anti-heroica** **37**
Não é somente o líder que sai perdendo com essa postura heroica 39
Como descobrir se você é um líder herói 41
Como rasgar a capa de herói? 42
O líder é o guardião energético de sua equipe 44
Resumo do capítulo 45

6. **Alinhamento de foco** **47**
Geração de valor 48
Atividades-chave de sucesso 53
Resumo do capítulo 59

7. **Cultura 80/20** **61**
Foco no 80/20 61
Matriz de valor 66
Resumo do capítulo 69

8. **Alinhamento de direção – De mercenários a missionários** **70**
De mercenários a missionários 71
Como decidir entre definir um propósito ou um porquê para minha área? 76
Resumo do capítulo 79
Da Cidade do Cabo a Helsinque em menos tempo 80

9. **Alinhamento de direção – Valores inegociáveis** **84**
Os valores da sua empresa são desejáveis ou inegociáveis? 84
Vale a pena definir valores inegociáveis para um departamento ou área? 89
Oferecer cinco mil dólares para o candidato desistir 91
Caso Mercur 92
Resumo do capítulo 92
Da Cidade do Cabo a Helsinque em menos tempo 93

10. **Metas e objetivos coletivos e alinhamento de expectativas 96**
Definir metas e objetivos coletivamente 96
Em situação de emergência, corra! 102
Leroy Merlin envolveu seus 8 mil colaboradores na definição de sua visão 103
Alinhamento de expectativas 105
Resumo do capítulo 108
Da Cidade do Cabo a Helsinque em menos tempo 110

11. **Governança 114**
Regras básicas de funcionamento 116
Mapear pontos de atrito 117
Abra espaço para sua equipe elaborar sua própria constituição 119
Definir responsabilidades e alçadas de decisão 121
Use a matriz RACI 123
Resumo do capítulo 126
Da Cidade do Cabo a Helsinque em menos tempo 127

12. **Ambiente de confiança – Facilitar reuniões 133**
Reuniões facilitadas 134
Você não vai mais suportar reuniões desorganizadas 148
Resumo do capítulo 150

13. **Ambiente de confiança – Feedback e transformação de conflitos 152**
Cultura de feedback 152
O feedback como parte natural do alinhamento e do desenvolvimento 153
Encontro de necessidades 155
Transformação de conflitos 156
Conflitos destrutivos 157
Harmonia artificial 157
Conflitos construtivos 158
Líderes que evitam conflitos e conversas difíceis 159
Líderes que provocam ou permitem conflitos destrutivos 159
Como sair dessa? 160
Escuta ativa: uma habilidade essencial 160
A realidade dos conflitos 161
Resumo do capítulo 162

14. Ambiente de confiança – Rituais, transparência e gestão à vista 163
Rituais 163
O caso de Thiago Suruagy e um ritual eficiente 164
Rituais na vida e nas organizações 165
Rituais que fortalecem a equipe 165
A importância de rituais nas metodologias ágeis 166
Reuniões *one-on-one*: um ritual essencial 167
Transparência 167
Indicadores de desempenho à vista 172
Resumo do capítulo 176
Da Cidade do Cabo a Helsinque em menos tempo 178

15. Case Best Buy 182
Resumo do capítulo 185

16. Até o exército norte-americano se rendeu à formação de times 186
A eficiência norte-americana estava "tomando um pau" da agilidade da Al-Qaeda 186
Para ganhar a Guerra do Afeganistão foi necessário montar um time de times 188
A habilidade de reagir rapidamente e se adaptar passa a ser fundamental para a sobrevivência 188
Os marinheiros quase sempre tinham melhores insights do que seus superiores 190
"Líder-líder" em vez do tradicional "líder-comandado" 192
Resumo do capítulo 193

17. Primeiros passos 195
Dominante 197
Influente 198
Estável 199
Conforme 199
Time de times 200
Resumo do capítulo 201
Da Cidade do Cabo a Helsinque em menos tempo 203

Bibliografia 209

Índice remissivo 211

Prefácio

Meu primeiro contato com Mauro Peres se deu por meio do livro *Open leaders*, do qual foi coautor, ao lado de Pedro Mello, Giovana Bratti e Daniel Guedes. Depois, tive o prazer de conhecê-lo pessoalmente durante o evento Open Franchise, promovido por ele e seus pares. Naquele espaço, encontrei ressonância com ideias que também cultivava: uma nova forma de pensar as franquias — mais humana, participativa, criativa e responsável, capaz de acolher os diferentes papéis dentro do sistema da marca e de seus propósitos.

Fiz uma imersão com esse grupo e me conectei com franqueadores que, como eu, buscavam o equilíbrio entre organizações, pessoas e planeta. Foi um encontro com um campo de pensamento vivo, em que a noção de pertencimento e corresponsabilidade dava contorno a uma nova prática empresarial.

Em março de 2020, com a chegada da pandemia, aceitei o convite de Sandra Brandão para participar de um grupo de estudos sobre o Direito com mais alma. Foi ela quem me enviou um áudio dizendo sentir que eu estava, em minha jornada, construindo uma empresa holística inovadora. Ela intuiu, com precisão, que eu deveria orientar as transformações para que as pessoas direcionassem o olhar mais para dentro de si como pessoas e organização, para depois voltarem-se para fora.

Essa é a essência da Teoria U, de Otto Scharmer, que fui aprofundar anos depois na imersão "O ponto cego", de Murilo Gun. Reforcei ali uma verdade simples e profunda: não se transforma um bando em time sem antes transformar a si mesmo. O líder é sempre o primeiro a atravessar a ponte interna.

Logo após o início da pandemia, passei a me relacionar mais proximamente com Mauro, Pedro e Giovana, num processo de consultoria que se aprofundou com os anos. Mauro tornou-se uma figura-chave em nossa trajetória, atuando como facilitador em processos de revisão estratégica, com foco tanto em negócios quanto em pessoas. Há mais de três anos, mantemos uma convivência rica por meio do grupo de trabalho GTgente, no qual seguimos aprendendo e evoluindo juntos.

Uma das primeiras grandes contribuições desse caminho foi, ainda em 2020, a proposta inovadora de criar um Grupo Gestor, composto por três talentos internos, em substituição à figura tradicional do CEO. Desde então, temos praticado esse modelo de gestão colaborativa, com ganhos significativos a cada ciclo.

Falo como testemunha e praticante das metodologias que este livro apresenta. Aprendi com elas a:

- Romper crenças limitantes.
- Transformar a qualidade das reuniões presenciais e virtuais.
- Alinhar a frequência e o propósito dos encontros.
- Equilibrar sonhos com os desafios da realidade.
- Cultivar uma cultura organizacional holística, que inspira e transforma.
- Escutar antes de falar.

Aprendi isso e muito mais, ensinamentos que você encontrará nas páginas que seguem.

Hoje, Mauro também nos apoia na estruturação de um movimento que fundei em 20 de setembro de 2023: o MeiO — Movimento de Empreendedores Integradores Otimistas. Um chamado à construção de pontes entre diferentes visões, na esperança de um Brasil e um mundo menos polarizados e mais conscientes.

Posso dizer, com o coração em paz, que Mauro Peres restaurou em mim a energia, a esperança e a convicção de que um mundo melhor é possível — quando aprendemos a agir de bando a times. Um novo campo de frequência emerge quando cada pessoa, cada elo da rede, se alinha com clareza aos propósitos do jogo e à sua posição dentro dele. É ali que mora a verdadeira transformação.

Lindolfo Martin
Fundador da Multicoisas

Endossos

"Desde que fiz o treinamento com o Mauro, estou na jornada de implementar uma cultura de confiança na organização. Estamos na jornada!"
Leonardo Letelier, CEO – Sitawi Finanças do Bem

"Com o que aprendemos com o Mauro, implementamos em nossa empresa a transformação do nosso Time, com papéis bem definidos e metodologia clara. Foi crucial esta transformação para a minha saúde e a da nossa empresa."
Stefano Facchin, diretor-executivo – Cold Line Brasil

"Antes eu sentia que precisava controlar tudo. Depois do curso do Mauro, aprendi que, com alinhamento e clareza, meu time age sozinho e entrega mais do que nunca!"
Fernando Giangrande, CFO – Biofast

"Mauro traz um ingrediente fundamental para o mundo da liderança, que é humanizar o processo e usar tudo que as tecnologias sociais podem trazer, mas sem a subjetividade da autoajuda barata, e sim a técnica de quem viveu e aprendeu coisas relevantes para todo e qualquer líder."
Rafael Somera, CEO – Solutudo

"Sempre acreditei no poder do empoderamento e da autonomia, mas, após o treinamento com Mauro Peres, minha visão se refinou ainda mais. Passei a observar com mais atenção e a evitar que outros diretores caíssem na armadilha da capa de super-herói. Com um olhar mais estratégico, criei um ambiente onde o protagonismo da equipe, a criatividade e a descoberta de talentos internos se tornaram parte da cultura. O impacto foi claro: mais inovação, mais engajamento e um time que realmente faz a diferença."

Paulo Henrique Piccini, CEO – Go2Next

"Inicialmente estranhei, depois amei respirar, alinhar, acolher antes de conversar. A conscientização de transformar um bando em time é uma linda jornada, uma possibilidade concreta de sairmos de ambientes tóxicos para curadores, escassos para abundantes, competitivos para colaborativos, a utopia em realidade para um mundo melhor. Transformando responsabilidades em amorosidades."

Lindolfo Martin, fundador da Multicoisas

"Aprendi com Mauro que um líder não precisa ter todas as respostas. O mais poderoso é saber escutar, fazer as perguntas certas e ajudar o time a encontrar o caminho. Afinal, quando foi a última vez que você parou para realmente ouvir sua equipe?"

Claudia Scheil Forgas, *head of marketing* – TSystems

"A metodologia de facilitação de reuniões que aprendi com o Mauro aprimorou a forma como conduzia as sessões com meus times. Nossas reuniões se tornaram mais produtivas, estratégicas e objetivas, gerando avanços reais para a equipe."

Rodrigo Picchi, gerente de transformação de talentos digital – DXC Technology

"Como grande parte dos líderes que conheço, eu me sentia isolado, carregando o peso de precisar ser um super-herói para gerir meus negócios. Mas, ao me deparar com provocações, conceitos, casos e causos contados pelo Mauro, foi como se, de repente, eu entendesse a letra de uma música. Só que, nesse caso, a música era a minha própria vida."

Charles Tokarski, CEO – Rede Farmácias Roval

"A metodologia ensinada pelo Mauro me ajudou muito na condução das reuniões, tornando-as mais produtivas e sendo mais assertiva nas demandas com o time. Os conhecimentos ensinados permitem desenvolver um ambiente seguro, onde os participantes podem contribuir mais e gerar uma conexão maior com a equipe."

Carolina Oliveira, diretora – Cia Serrana

"Sempre acreditei que uma liderança humanizada é essencial para integrar as pessoas e orientá-las em direção a um objetivo comum. O Mauro tem sido um apoio valioso na transmissão dessa mensagem aos nossos líderes."

Edna Ranziny, *people & culture manager* – South Cargo

"Mauro catalisa as equipes de liderança que apoia, mostrando que o potencial do time cresce quando suspendemos o ego e focamos os debates construtivos, sempre com a clareza da missão maior. Aprendo muito com o Mauro, e o mais interessante é que ele conduz de forma que tenhamos convicção sobre as perguntas certas, e não apenas as respostas."

Adriana Martins, CEO – Kuehne Nagel Brasil

"O treinamento que fiz com o Mauro me deu ferramentas para me tornar um melhor líder, gerar mais valor e ter um time mais conectado."

Rafael Duarte, diretor da Latam – Cognizant

Introdução

A revolução dos visionários ignorados

Há muitos exemplos de funcionários brilhantes que não encontram espaço para suas ideias em suas organizações e pedem demissão para seguir seus sonhos. Muitas vezes, grandes inovações nascem de ideias que inicialmente são desprezadas por empresas estabelecidas. Cinco histórias emblemáticas ilustram esse fenômeno: as trajetórias de Eric Yuan, Earl Tupper, Jan Koum, Steve Wozniak e Evan Williams.

Nascido na China em 1970, Eric Yuan se formou em matemática na Universidade de Ciência e Tecnologia de Shandong. Nessa época, ele já pensava em criar uma solução tecnológica para se comunicar via videoconferência com sua namorada, que morava a 10 horas de trem da sua cidade. Ele trabalhou por alguns anos no Japão depois de se formar e aos 27 anos se mudou para o Vale do Silício, na Califórnia.

Ele iniciou sua carreira nos Estados Unidos programando para a empresa Webex, uma startup de videoconferências, que algum tempo depois foi adquirida pela Cisco Systems, uma gigante na fabricação de equipamentos de telecomunicação. Yuan foi incorporado ao quadro de engenheiros da Cisco e anos depois se tornou vice-presidente de engenharia.

Ele nunca esqueceu sua ideia de uma solução de videoconferência que fosse simples e rápida, e que funcionasse não apenas em desktops e tablets, mas também em telefones celulares. Ele levou essa ideia aos seus superiores na Cisco e, por mais que insistisse, ela sempre era rejeitada. Ao concluir que sua ideia nunca seria aprovada na Cisco, ele resolveu seguir seu sonho fora da empresa e pediu demissão para fundar o Zoom, levando 40 engenheiros com ele. O Zoom virou um grande sucesso e um concorrente de peso para a Cisco na área de videoconferências.

Earl Silas Tupper trabalhava na Dupont quando percebeu que a empresa jogava no lixo uma quantidade enorme de poliuretano. Revoltado com isso, reclamou diversas vezes com seus superiores, que não o escutaram. Conseguiu a permissão para levar essas sobras para sua casa e alguns anos depois pediu demissão para abrir sua própria empresa, a Tupperware.

Jan Koum, cofundador do WhatsApp, trabalhou por quase uma década no Yahoo!. Durante seu tempo na empresa, Koum percebeu a necessidade de criar uma plataforma de mensagens simples, sem anúncios e acessível a qualquer pessoa, em qualquer lugar do mundo. No entanto, suas sugestões foram ignoradas pela liderança do Yahoo!, que estava focada em estratégias tradicionais de negócios. Ao sentir que suas ideias não encontravam espaço, Koum deixou a empresa. Com Brian Acton, também ex-Yahoo!, fundou o WhatsApp em 2009, um aplicativo que revolucionou a comunicação instantânea e foi vendido ao Facebook por 19 bilhões de dólares em 2014. O que parecia inviável para o Yahoo! tornou-se uma das maiores inovações no mercado de tecnologia.

Outro caso emblemático é o de Steve Wozniak, cofundador da Apple. Nos anos 1970, Wozniak trabalhava na Hewlett-Packard (HP), onde desenvolveu o protótipo de um computador pessoal. Ele acreditava que havia um futuro promissor para computadores acessíveis ao consumidor comum. Ao apresentar seu projeto à HP, a empresa recusou a ideia várias vezes, acreditando que o mercado de computadores pessoais não tinha potencial. Frustrado com a falta de apoio, Wozniak, incentivado por Steve Jobs, decidiu sair da HP e fundar a Apple em 1976. O lançamento do Apple I e, em seguida, do Apple II, revolucionou o mundo da computação pessoal. Enquanto a HP mantinha seu foco em produtos corporativos, a Apple se tornava um gigante da tecnologia global.

Por fim, há a história de Evan Williams, que trabalhou no Google após a aquisição de sua plataforma de blogs, o Blogger. Dentro do Google, Williams tentou expandir suas ideias para novas formas de comunicação digital e redes sociais. No entanto, a gigante da tecnologia estava focada em outras prioridades, e suas sugestões foram amplamente ignoradas. Insatisfeito com as limitações, Williams deixou o Google e fundou a Odeo, uma empresa de podcasts que não obteve sucesso. Mas foi a partir dessa experiência que em 2006 nasceu o Twitter, uma plataforma de microblogs que revolucionou a forma como nos comunicamos online, tornando-se uma das redes sociais mais influentes do mundo.

As pessoas mais talentosas são inquietas e questionadoras. Se não tiverem autonomia para trabalhar podem ir embora e virar concorrentes. Quando encontram barreiras internas, esses inovadores buscam caminhos alternativos e muitas vezes pedem demissão. Claro que alguns iriam embora de qualquer jeito, mas dar espaço para essas pessoas criarem dentro da empresa é fundamental para tentar retê-las. Os insatisfeitos que não têm coragem de sair não vestem a camisa da empresa e acabam tendo performances muito abaixo de seu potencial. Alguns viram detratores e contaminam negativamente seus colegas.

Por essas e outras, os líderes estão sendo cada vez mais pressionados a dar mais autonomia para suas equipes. Seja para não perder talentos, seja pelo crescimento do trabalho remoto, pela falta de tempo para controlar e gerenciar tudo e todos, pela velocidade das mudanças ou pelo fato de seus colaboradores estarem demandando isso.

Autonomia sem alinhamento, governança e um ambiente seguro não dá resultado

Mas muitos que passaram a dar mais autonomia acabaram voltando atrás, pois os resultados não vieram e os líderes saíram com uma sensação de descontrole e caos. Sabe por que isso acontece? Porque autonomia sem alinhamento, governança e criação de um ambiente seguro não dá resultado. Muitos gestores, no processo de dar mais autonomia para suas equipes, acabam escolhendo dois caminhos que não funcionam:

1. "Delargam" as atividades, deixando as pessoas perdidas, confusas, sem foco nem direção.

O fundador de uma empresa de tecnologia de médio porte no Brasil, com aproximadamente 300 pessoas, cansado de tanto trabalhar, decidiu abrir mão da sua forma centralizadora de gerenciar e dar mais autonomia para seus executivos. Como não havia aprendido a dar autonomia, delargou suas responsabilidades para seus gestores. Foi um grande alívio no princípio, mas, um ano depois desse movimento, a empresa quase quebrou. A performance do setor comercial, que ele gerenciava pessoalmente, caiu drasticamente. Segundo ele, ninguém sabia gerenciar os clientes tão bem quanto ele. A qualidade das entregas também caiu, fazendo a empresa perder alguns projetos importantes. Desesperado, voltou atrás, reassumiu o setor de vendas e novamente centralizou em si boa parte das decisões. Com isso, a empresa voltou a ganhar tração e ele respirou aliviado. Mas isso teve um preço: ele voltou a trabalhar mais de 80 horas por semana.

Ele novamente acumula várias funções, gerando grande insatisfação em sua equipe e muita confusão no dia a dia, pois ele não conseguia dar conta de atender a todos que precisavam dele. O excesso de centralização no fundador desmotiva muitas pessoas e limita o crescimento da empresa.

Um dos casos mais extremos de "delargar" foi o que ocorreu com Joaquín García, funcionário de uma empresa de tratamento de água na cidade de Cádiz, na Espanha. Ele passou seis anos fingindo que estava trabalhando, sem ser notado. O mais incrível é que não foi o chefe dele que descobriu isso. Pasme: os colegas de trabalho foram dar a ele uma placa de agradecimento pelo tempo de trabalho prestado e não o encontraram. Somente aí a empresa deu conta do seu sumiço. O chefe era tudo menos um líder. Ele literalmente "delargou" as tarefas e abandonou seu liderado.

2. Transferem a execução das atividades sem transferir a responsabilidade, deixando as pessoas frustradas e dependentes.

> Uma empresa brasileira do setor de saúde possui três diretores que estão exaustos de tanto trabalhar. Eles passaram a delegar, mas ainda centralizam a aprovação de quase tudo. Uma das diretoras me contou que resolve problemas até de falta de papel higiênico. Os diretores são copiados em quase todos os e-mails da empresa. Os gerentes copiam os diretores em tudo, pois só assim os outros gestores respondem e agem. Até o formato e as perguntas de uma simples avaliação de um curso que a área de RH promove têm de ser aprovados por um dos diretores. Nas reuniões que faço com a liderança da empresa, sempre pergunto como as pessoas estão emocional e fisicamente. Mais de um terço deles estão sempre em péssimas condições físicas e emocionais. A empresa vive uma crise de confiança, em que as diferentes áreas não se entendem. Cabe aos diretores o papel de apaziguar os gestores e ajudá-los nas decisões. Isso acabou gerando uma cultura de vitimização.

Você já deve ter lido livros ou participado de cursos de liderança que ensinam a planejar, executar, acompanhar e cobrar. Essas atividades fazem parte da rotina da maioria das pessoas que gerencia uma área ou uma empresa. Quem aprende a executá-las bem vira um bom gestor. Mas, para virar um líder, você também precisa aprender a dar autonomia para sua equipe, para transformá-la em um time de alta performance e que gera valor. A autonomia, porém, tem de vir acompanhada de alinhamento, governança e um ambiente seguro. Sem isso, ela não gera resultado. Sem esses três fatores, é melhor continuar a centralizar em você as atividades e decisões da sua área, mesmo que isso o obrigue a trabalhar 12 horas por dia.

Você provavelmente nunca aprendeu a implementar alinhamento, governança e criar um ambiente seguro. Na verdade, a grande maioria das pessoas que está em cargos de liderança nem sabe que precisa fazer isso. Não está no radar delas o quão importante é aprender a dar autonomia da maneira correta para gerar mais valor, engajar a equipe e ter mais tempo livre para se dedicar a assuntos mais estratégicos no trabalho.

Este livro ensinará a formar um time autogerido de alta performance. Você aprenderá a dar autonomia de forma correta, por meio de alinhamento e governança e um ambiente seguro. As lições, as dicas e os casos ajudarão a gerar muito mais valor e resultados, e, ainda por cima, ter mais tempo livre para se dedicar ao estratégico e curtir mais a vida. Você terá em suas mãos um mapa explicando como formar um time autogerido de alta performance, com várias dicas de posturas como líder e 11 ferramentas práticas de fácil implementação.

Para exemplificar a aplicação da metodologia na prática, você acompanhará as expedições de Liz e Max da Cidade do Cabo, na África do Sul, até Helsinque, na Finlândia.

Da Cidade do Cabo a Helsinque em menos tempo

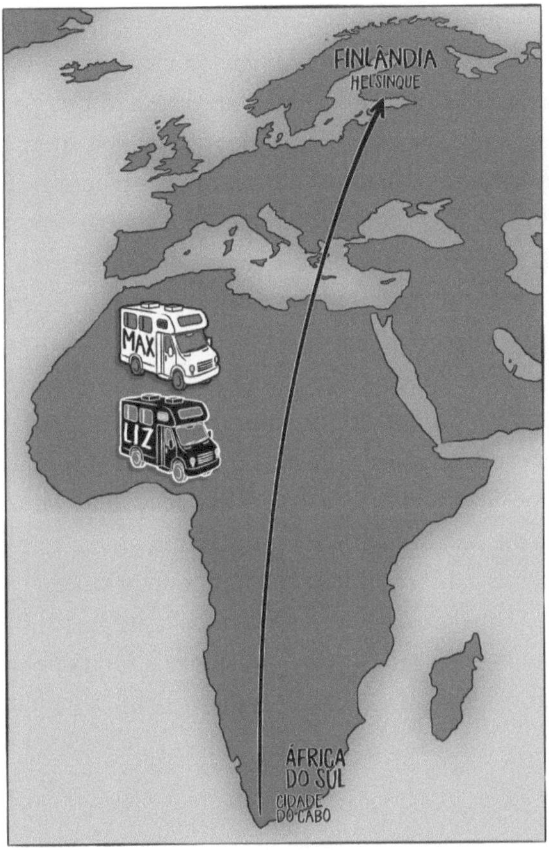

Liz e Max, amigos desde a infância, nutriam uma rivalidade tão antiga quanto o sonho que compartilhavam: cruzar dois continentes, da Cidade do Cabo, na África do Sul, até Helsinque, na Finlândia. A competição sempre os impulsionou, cada um buscando se destacar nas mais diversas atividades.

Em 2015, o sonho se transformou em uma aposta audaciosa: cada um lideraria uma expedição a bordo de um ônibus transformado em *motorhome*, e a vitória seria de quem completasse o percurso no menor tempo. Para equilibrar a disputa, ambos receberam o mesmo orçamento e partiriam em ônibus idênticos. Cada equipe seria composta por cinco membros: um motorista, um mecânico, um navegador, um segurança e um tripulante adicional, escolhido livremente.

A largada seria simultânea, marcando o início de jornadas distintas. Para validar a vitória, cada equipe deveria comprovar a marca de 15 mil quilômetros percorridos, a distância mínima entre as cidades. Além disso, a integridade da equipe seria crucial: para cada membro a menos ao final da viagem, seriam acrescidas 24 horas ao tempo total. Uma equipe com quatro integrantes, por exemplo, poderia chegar até 48 horas depois de uma equipe completa e ainda assim vencer. Cada equipe teria a permissão de substituir apenas um membro durante toda a expedição.

Max, um veterano das estradas, confiava em sua expertise técnica. Mecânica, navegação e planejamento estratégico eram suas maiores armas. Acreditava que cruzaria a linha de chegada com uma semana de vantagem sobre Liz. Ela, por outro lado, reconhecia sua desvantagem no aspecto técnico e apostava em sua habilidade de inspirar, motivar e unir pessoas. Para Liz, a liderança era o diferencial em qualquer desafio.

Ao longo dos capítulos, acompanharemos o progresso das duas expedições, confrontando você, leitor, com uma questão fundamental: em uma jornada desafiadora, o que prevalece, a expertise técnica ou a maestria na arte de liderar?

CAPÍTULO 1

A evolução dos modelos de gestão

Autonomia sem alinhamento, governança e um ambiente seguro não dão resultado.

Antes da Revolução Industrial, não havia práticas de gestão formais. Os negócios basicamente eram tocados por famílias, e a produção era realizada de forma artesanal.

Com a industrialização, surgiram as primeiras pessoas que se dedicaram a pensar cientificamente em como aumentar a eficiência e a produtividade. Frederick Winslow Taylor e Henri Fayol foram dois pioneiros nesse campo. Para aumentar a produtividade e a eficiência, as empresas começaram a atuar com hierarquias rígidas, dividindo as tarefas e criando linhas de produção. As decisões, o planejamento e a inteligência do negócio se concentravam no topo da hierarquia, e a base da pirâmide era formada por meros executores.

Taylor publicou em 1903 o livro *Shop management* (*Gerência de fábrica*), em que apresentou um estudo que relacionava os movimentos e os tempos de trabalho dos operários. Boa parte das organizações hoje em dia ainda tem um modelo de gestão hierárquico e centralizador muito parecido com o do início da Revolução Industrial. Porém, nesses mais de cem anos desde o livro *Gerência de fábrica*, novas formas de gestão surgiram e, hoje, há modelos opostos ao que foi pregado por Taylor. Há organizações autogeridas, em que a hierarquia é abolida e as lideranças são circunstanciais. Uma mesma pessoa pode liderar um projeto e ser liderada em outro.

Há alguns poucos milhares de organizações autogeridas em um mundo de milhões existentes. Engana-se, porém, quem acha que, por serem autogeridas, elas não têm regras e cada um faz o que quer. Muito pelo contrário: quanto mais autogeridas, mais acordos, regras e uso de metodologias são necessários. Ou seja, são necessários muito alinhamento e governança para que as pessoas se organizem e produzam coletivamente sem precisarem ser comandadas ou controladas. Boa parte dessas organizações autogeridas usa os dois modelos de autogestão mais conhecidos: a sociocracia e a holocracia.

Temos então, em um extremo, organizações totalmente hierárquicas baseadas em comando e controle, nas quais as decisões são centralizadas na alta cúpula, e, no outro extremo, as autogeridas que descentralizaram as decisões e a hierarquia formal é abolida.

Entre esses dois extremos, há empresas que mantiveram algum grau de hierarquia, mas que descentralizaram as decisões empoderando as pessoas na ponta. Para isso, os líderes passaram a dar mais autonomia para seus subordinados. E aí surge a importância de aprender a implementar alinhamento e governança. Este livro não tem como objetivo ensinar você a implementar uma organização autogerida, mas sim um time autogerido. E quando falo em time, é importante diferenciá-lo de um bando ou grupo.

Quando algumas pessoas se propõem a realizar algo juntas, elas podem trabalhar em um formato de bando, grupo ou time.

Bando

A melhor exemplificação de um bando é ver uma partida de futebol de crianças de 5 anos. Todos os jogadores correm atrás da bola o tempo todo, ninguém passa para ninguém, algumas crianças chutam contra o próprio gol, ninguém sabe as regras direito, nem o placar. Os pais se encantam, mas futebol mesmo não rola. O mesmo acontece com algumas áreas ou departamentos em que as regras não são claras para quem trabalha nelas. Ninguém sabe quais são os objetivos e metas, o que é esperado de cada um, quais comportamentos são intoleráveis, o que deve ser priorizado e quais são as alçadas de decisão. Não há rituais, indicadores de desempenho, feedbacks, regras de convivência nem metodologia para conduzir as reuniões. As pessoas batem cabeça o tempo todo, a comunicação é ineficiente, há muito retrabalho e os resultados, se atingidos, são à custa de muito sangue, suor e lágrimas. Quem trabalha em um bando normalmente se desmotiva. Dificilmente encontraremos um bando gerando resultado e valor.

Grupo

O mais comum é as pessoas trabalharem como um grupo. Neles, há algum direcionamento e organização, algum grau de conexão entre as pessoas, mas a maioria das decisões é centralizada em uma liderança heroica, com pouca autonomia para os liderados. Não há um alinhamento muito claro de direção, propósito, valores ou expectativas. Também não há uma governança que ajuda as pessoas a trabalharem melhor entre si e que define claramente o grau de autonomia de cada pessoa. Finalmente, não há metodologia para conduzir reuniões, há poucos rituais e os conflitos são mal gerenciados. Dificilmente encontraremos um grupo com uma alta performance, e eles tendem a gerar resultados abaixo de seu potencial.

Time

Raramente se encontram pessoas trabalhando em uma formação de um time de verdade. Nessa formação, todos sabem para onde a organização e a área em que trabalham têm de ir, o porquê de ir para lá, quais são os valores inegociáveis que todos têm de ter, os caminhos para chegar ao destino e o que é esperado de cada um. As pessoas são alocadas para funções de acordo com seus talentos e suas aptidões. Há uma governança estabelecida que ajuda as pessoas a trabalharem melhor entre si e que define claramente o grau de autonomia e decisão de cada pessoa. As reuniões são produtivas e organizadas, há rituais formais e acompanhamento por indicadores. Finalmente, há uma cultura de transparência, feedbacks e conflitos construtivos criando um ambiente seguro para que as pessoas se sintam seguras e possam dar o melhor de si. Tudo isso ajuda na formação de um time de alta performance que produz resultados fantásticos.

No esporte, é fácil diferenciar essas formações. É comum uma equipe pequena e sem nenhuma grande estrela chegar à final de alguma competição. A folha salarial inteira dessa equipe não paga o salário de um jogador das equipes badaladas, e mesmo assim ela as derrota. É visível que a inferioridade no talento individual é mais do que compensada pela organização e pelo jogo coletivo. As pessoas estão conectadas e cada um sabe exatamente o que deve ser feito. Do outro lado, há equipes que gastam uma fortuna para ter os melhores jogadores do mercado, mas que não ganham nada, pois não há conexão entre as pessoas e os objetivos individuais acabam se sobrepondo aos da equipe.

Quando o talento é combinado com um uma formação de time, essa equipe faz história, pois, além de ganhar tudo, ela encanta a todos que a assistem. A impressão é que os jogadores nem precisam olhar para saber onde os outros estão.

Construir um time autogerido de alta performance dá trabalho, pois exige que o líder deixe de ser herói, invista tempo na busca e no desenvolvimento das pessoas da equipe, e na construção de alinhamento, governança e um ambiente seguro. O primeiro passo é refletir sobre sua área ou empresa. Qual é o grau de autonomia e de alinhamento e governança existentes? Para ficar mais claro, vamos analisar esse cruzamento na figura a seguir.

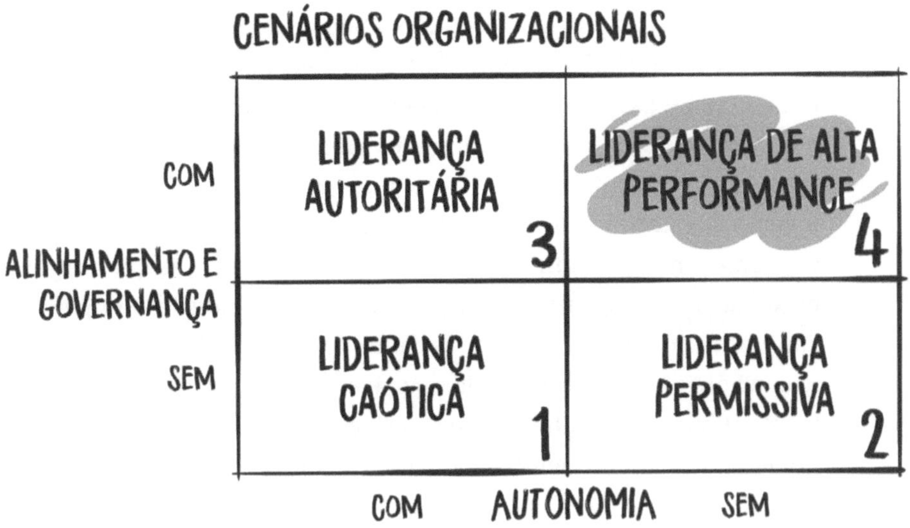

1. Liderança caótica: há organizações ou departamentos nos quais as pessoas não têm autonomia para trabalhar e não há alinhamento e governança. Esse é o pior dos mundos, pois as pessoas ficam perdidas e desmotivadas, dando cabeçadas uma nas outras, recebendo ordens desconexas sem entenderem para onde estão indo. Nela há uma liderança caótica que muda a direção da empresa conforme as oportunidades surgem. Essas empresas são as que quebram em momentos de crises econômicas.
2. Liderança permissiva: há outras organizações em que as pessoas têm autonomia para trabalhar, porém não há alinhamento e governança. Boa parte das startups atuam dessa maneira. Os fundadores iniciam a empresa com uma grande ideia ainda não validada pelo mercado. Contratam algumas pessoas e começam a atuar em um modo de tentativa e erro. Há poucas regras, e a organização e os colaboradores têm uma grande liberdade para atuar, pois tudo precisa ser criado. Nessa fase os líderes são permissivos, dando liberdade para as pessoas criarem. Essa forma de trabalhar atende à necessidade de autonomia das pessoas, deixando-as felizes. Porém, se a empresa não se estruturar e se organizar minimamente, ela não consegue prosperar

e crescer. Não é à toa que, segundo o Sebrae, 50% das empresas fecham em seus primeiros cinco anos de existência, principalmente por falta de planejamento e gestão. Há milhares de exemplos de pequenas empresas com pessoas supermotivadas e felizes que quebram por falta de direção, alinhamento e governança.

3. Liderança autoritária: para que cresçam sem virar um caos, as empresas começam a instituir regras, acordos e controles. Eis que surge a burocracia. O preço disso é tirar a autonomia das pessoas. A maioria das grandes organizações fez esse caminho e hoje atuam com bastante controle e burocracia, dando pouca autonomia para quem está na base, tolhendo-lhes a liberdade de criação. Muitas delas conseguem implementar alinhamento e governança por meio de uma liderança autoritária que centraliza as decisões. Elas geram resultados, mas com um nível baixo de engajamento e satisfação dos liderados.
4. Liderança de alta performance: finalmente, há empresas ou departamentos em que há alinhamento e governança, e as pessoas têm autonomia. Esse é o melhor dos cenários, pois há liderados engajados e animados entregando resultados e gerando valor.

O objetivo deste livro é ensinar a levar seu departamento ou sua organização para o quadrante 4, onde ela gerará muito valor e resultados, com um alto grau de autonomia e engajamento dos liderados. Você aprenderá que um líder de alta performance precisa saber dosar muito bem a ordem e o caos para gerar valor. Tanto a organização excessiva quanto a falta dela podem ser prejudiciais. Um ambiente de trabalho ideal é aquele que equilibra a estrutura necessária com a liberdade para inovar e crescer. A ordem vem de todos saberem o que gera valor, o que priorizar, qual o destino desejado, o porquê de ir para lá, com quem ir, quais comportamentos são intoleráveis, qual é o papel de cada um, o que precisa ser entregue, quem decide o que e quais acordos existem para uma boa convivência. O caos se manifesta quando você, como líder, dá autonomia para as pessoas exercerem seus papéis e realizarem suas entregas da forma que acharem melhor. O grau de autonomia que você deve dar dependerá do quanto você confia na pessoa, do quão sênior ela é e do grau de importância da atividade.

Quanta autonomia eu devo dar?

A primeira coisa que você deve verificar quando for delegar e dar autonomia é medir o tamanho do impacto da atividade ou tarefa no negócio. Quanto maior for o impacto, maior o cuidado. Também é preciso levar em conta o nível de experiência e confiança que você tem na pessoa. A matriz a seguir o ajudará a entender como dar autonomia minimizando os riscos.

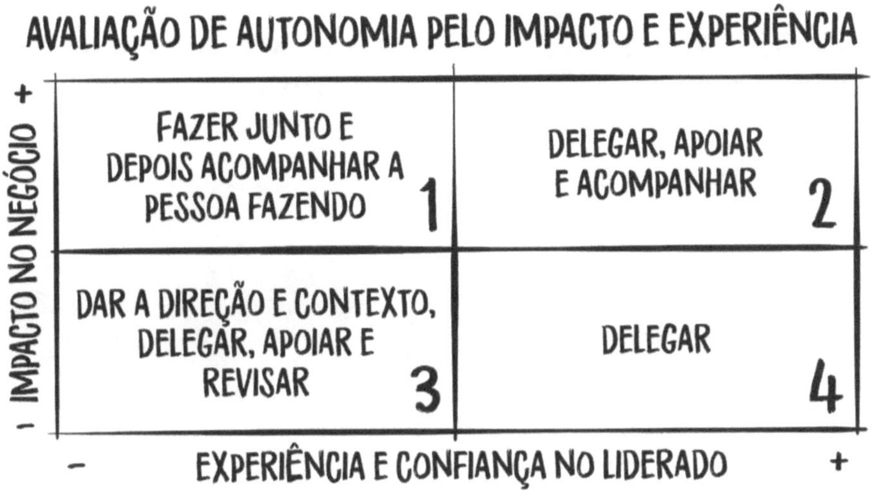

1. O quadrante 1 mostra uma atividade que tem alto impacto no negócio e um liderado com pouca experiência ou no qual você ainda não tem confiança. Nesse caso, você deve se envolver integralmente, fazendo a atividade com a pessoa para treiná-la ou colocando alguém mais sênior para acompanhá-la. Faça a atividade pelo menos duas vezes para o liderado observar como se faz. Na terceira vez, faça com ela. A partir daí, deixe-a fazer e observe até sentir que ela aprendeu.
2. No quadrante 2 acontece quando a atividade a ser delegada tem um alto impacto no negócio e você já tem confiança na pessoa ou ela já tem bastante experiência. Nesse caso, delegue a atividade, coloque-se

à disposição para apoiar e nunca deixe de acompanhar. Faça reuniões semanais ou quinzenais de acompanhamento.

3. No quadrante 3 estão as atividades com baixo impacto no negócio e o liderado não tem experiência ou sua confiança. Nesse caso, explique, dê a direção e delegue para a pessoa fazer. Acompanhe por um tempo (quinzenal ou mensalmente).
4. O quadrante 4 acontece quando as atividades têm baixo impacto no negócio e a executora tem experiência ou a sua confiança. Nesse caso, delegue totalmente.

Sua função como líder é balancear seu tempo entre ser técnico e capitão do time

Os líderes que agem como o capitão de uma equipe são adorados pelos seus liderados. Eles entram na arena para guerrear com o time. Os liderados sentem que seu líder está ali com eles para o que der e vier.

Em alguns momentos, realmente é importante um líder atuar como capitão, principalmente nas horas de aperto, ou quando uma emergência ocorre. A humildade de ajudar a equipe a carregar as caixas, ajudar a organizar e limpar em um evento, por exemplo, mostra que você é tão importante quanto qualquer outra pessoa do time. Quanto mais júnior é sua equipe ou menor for sua empresa, mais é necessária sua entrada no campo. Os primeiros níveis de liderança, como supervisão e coordenação, também exigem líderes capitães. Quanto mais você sobe na hierarquia, menos operacional e mais executivo você deveria virar.

É bastante comum alguém ser promovido e continuar a atuar somente como capitão. Muitas vezes o cliente exige que o novo líder continue envolvido na entrega ou no atendimento. É preciso tomar cuidado para não ser capitão o tempo todo e esquecer que você também deve ser técnico, que tem uma visão do todo, estuda o adversário, desenvolve a equipe e a oferta, dedica algum tempo à estratégia etc.

Vejo frequentemente presidentes de empresas de médio porte acumulando tarefas operacionais, presos à rotina, atuando muito mais como capitães do que como técnicos. Essa postura muitas vezes freia o crescimento da organização.

Se você exercer um papel de liderança sênior, atuar somente como capitão poderá atrasar o desenvolvimento das pessoas de seu time. Você também não terá o tempo necessário para planejar, criar conexões, desenvolver as pessoas, garantir o alinhamento e a governança.

Liderança explícita

Quanto maior for a autonomia que você deseja dar à sua equipe, mais clara e explícita deve ser sua liderança.

Quanto mais autonomia você quiser dar para sua equipe, menos espaço há para suposições ou subentendidos. É essencial que todos compreendam com precisão a direção a seguir, os comportamentos inaceitáveis, os papéis de cada integrante e os pontos de foco prioritários.

Charles Tokarski, CEO da Rede Roval, reflete sobre uma lição importante: no passado, uma de suas maiores injustiças foi demitir pessoas sem antes ter deixado claro o que ele esperava delas. Muitos líderes caem na armadilha de acreditar que as expectativas são óbvias, pensando que, por serem adultos, os membros da equipe compreenderão suas responsabilidades sem a necessidade de explicações detalhadas. Contudo, essa falta de clareza pode causar um grande desperdício de tempo e recursos. Basta uma pessoa desorientada para comprometer o desempenho do grupo.

A liderança implícita só tende a funcionar em equipes altamente experientes e que já trabalham juntas há muito tempo. Ainda assim, é crucial que o destino desejado esteja bem definido e que todos saibam exatamente como contribuir para alcançá-lo.

O quadro a seguir mostra a diferença entre uma liderança implícita e uma explícita.

Não explícita	Explícita
O que é esperado não é expressado	O que é esperado é expressado e registrado
Presume que está subentendido	Não há margem para subentendidos
Deduz-se sem confirmar	Não há margem para deduções
O óbvio deixa de ser dito	Mesmo o óbvio é dito

Alguns líderes evitam adotar uma liderança explícita porque ela exige mais esforço. É necessário dedicar tempo a rituais, reuniões coletivas de criação e tomada de decisão, além de encontros individuais (*one-on-one*), para garantir que todos compreendam claramente o objetivo final, se sintam motivados pelos caminhos a seguir e saibam exatamente qual é seu papel, onde concentrar seus esforços e como colaborar de forma eficaz.

Ao longo deste livro, você descobrirá que, quanto mais atenção dedicar ao alinhamento e à governança, mais clara e eficaz sua liderança se tornará.

Seja uma Madre Teresa com as pessoas, mas um ditador com os acordos e combinados

Por mais de 200 anos, a principal preocupação de um líder foi garantir a performance de sua área ou empresa. Cuidar das pessoas era função da área de

Recursos Humanos. Contratar, treinar, motivar, demitir e dar feedbacks era terceirizado para o departamento de pessoas. Antigamente uma pessoa passava anos, senão uma vida inteira, em uma mesma empresa.

A revolução digital transformou profundamente as dinâmicas empresariais. Hoje, as pessoas trocam de emprego com maior frequência e têm expectativas significativamente mais elevadas em relação aos empregadores e líderes. Ao mesmo tempo, o aumento da competitividade exige que as empresas operem de maneira mais enxuta, e isso inclui a área de RH. Isso vem forçando os líderes a não somente continuar performando, mas também a cuidar das pessoas. A área de RH passou a ser uma área de suporte aos líderes e não mais a responsável pelos colaboradores.

Isso tem deixado boa parte dos líderes completamente perdidos. No passado, era aceitável, e até certo ponto desejável, que o líder fosse mais enérgico e duro cobrando sua equipe. Atualmente, um líder que cobra sua equipe de forma mais agressiva, direta e com um tom mais alto, tem uma grande chance de receber uma reclamação por assédio moral. Eu ouço muitos líderes reclamarem que não sabem o que fazer. De um lado são cobrados pela alta direção para performar cada vez mais. De outro, não podem ser firmes e pressionar demais as pessoas, senão elas espanam. Afinal, o que fazer?

A grande questão é que a grande maioria dos líderes não faz um bom trabalho de alinhamento e governança com suas equipes. Eles não constroem com a equipe objetivos e planos, não estabelecem formalmente acordos e combinados e não alinham o que esperam de cada um. Sem isso, torna-se difícil cobrar a equipe. Quando há falta de direção e clareza do que é esperado, há mal-entendidos, pontas soltas, desentendimentos e desalinhamento, as pessoas ficam perdidas e se ofendem quando alguém as cobra de maneira mais firme. É aí que mora o problema.

Quanto mais claros e formais forem os acordos, combinados, expectativas e alinhamento, mais você poderá ser firme na cobrança, sem que as pessoas se ofendam. Um bom líder não precisa ser "bonzinho", muito pelo contrário. Ser firme na cobrança dos combinados é uma atitude essencial para alcançar resultados. Uma dica valiosa é, no início do ano, pedir permissão à sua equipe para agir com firmeza nesse aspecto. Explique o contexto: sua função como líder é garantir o sucesso do time e ajudar cada membro a atingir seu potencial máximo. Reforce que a cobrança é parte importante desse processo.

Seja educado, mas consistente ao cobrar o cumprimento dos acordos estabelecidos. Afinal, os melhores treinadores esportivos afirmam que preferem perder uma partida sabendo que a equipe deu seu máximo do que ganhar com as pessoas não dando seu melhor. Como líder, sua responsabilidade é incentivar o melhor de cada um, e isso não se alcança com complacência ou evitando confrontar aqueles que falham em cumprir suas responsabilidades. Não estou dizendo para ser duro com as falhas, pois elas acontecem em um time que se arrisca. Falhas na tentativa de acertar devem ser até aplaudidas. O que não é aceitável é o relaxo, a preguiça e a falta de comprometimento.

Liderar é equilibrar apoio e firmeza, garantindo que os objetivos sejam cumpridos sem abrir mão do crescimento individual e coletivo. Seja o mais humano possível no apoio e o mais firme possível no que foi acordado. Quanto melhor líder você se tornar, mais seus liderados irão admirá-lo e menos firme você necessitará ser, pois as pessoas cobrarão de si mesmas.

RESUMO DO CAPÍTULO

- Evolução da gestão: antes da Revolução Industrial, os negócios eram familiares e artesanais. Com a industrialização, surgiram hierarquias rígidas e divisão de tarefas para aumentar a eficiência.
- Os modelos de gestão evoluíram: hoje temos, em um extremo, organizações totalmente hierárquicas baseadas em comando e controle, e, no outro extremo, as autogeridas, que descentralizaram as decisões e a hierarquia formal é abolida.
- Entre esses dois extremos, há empresas que mantiveram algum grau de hierarquia, mas que descentralizaram as decisões empoderando as pessoas na ponta. Para isso, os líderes passaram a dar mais autonomia para seus subordinados. E aí surge a importância de aprender a implementar alinhamento e governança.
- Formações de trabalho: as equipes podem operar como bandos (caóticas e sem direção), grupos (alguma organização, mas liderança centralizadora) ou times (alinhamento claro, governança e alta performance).
- Cenários organizacionais: empresas variam entre falta de direção e alinhamento (alto caos) e excesso de controle (baixa autonomia). O equilíbrio ideal é autonomia com governança e alinhamento.
- Liderança eficaz: líderes de alta performance devem equilibrar ordem (direção clara) e caos (autonomia), ajustando o grau de liberdade de acordo com a confiança e a experiência dos liderados.
- Avaliação da autonomia pelo impacto e pela experiência: o nível de autonomia deve considerar o impacto da tarefa no negócio e a experiência/confiança no liderado. Tarefas críticas exigem mais supervisão, enquanto tarefas de baixo impacto podem ser delegadas mais facilmente.
- Liderança explícita é essencial para maior autonomia: quanto mais autonomia a equipe tem, mais clara e explícita a liderança precisa ser, evitando mal-entendidos sobre expectativas, responsabilidades e prioridades.
- Seja o mais humano possível no apoio e o mais firme possível no que foi acordado.

CAPÍTULO 2

O que anima as pessoas no trabalho

Até muito pouco tempo atrás, a felicidade não era um fator relevante nem para as pessoas nem para as empresas. Ela começou a ganhar importância quando a humanidade passou a ter a maior parte de sua população com as condições mínimas de sobrevivência garantidas. A partir de então, alcançá-la virou uma obsessão. A felicidade passou então a ser uma ciência, com o surgimento de associações dedicadas ao tema, universidades ensinando os segredos para obtê-la e várias pesquisas analisando dados para tentar explicá-la.

As empresas começaram a se preocupar com a felicidade quando começaram a correlacioná-la com a lucratividade. É importante ressaltar que a felicidade por si só não garante que uma pessoa seja produtiva. Existe muita gente que ama seu trabalho, mas que não tem disciplina ou foco, qualificação ou dom natural para exercer uma função. Ela pode ser alegre e radiante e mesmo assim, produzir muito pouco. Por outro lado, uma pessoa que esteja muito insatisfeita e infeliz em seu trabalho ainda assim pode ser extremamente produtiva, desde que tenha responsabilidade, experiência e qualificação.

Há evidências, porém, que mostram que os colaboradores felizes trocam menos de trabalho, são mais colaborativos, aceitam mais as mudanças, tratam melhor os clientes e ajudam a criar um ambiente melhor no trabalho. Estudos da Gallup mostram que colaboradores que se sentem bem com o trabalho consomem 62% menos custos relacionados à saúde do que os que estão sofrendo. Muitos profissionais de RH hoje relatam que um dos maiores problemas que enfrentam atualmente é o absenteísmo provocado por questões emocionais dos funcionários, sendo a depressão um de seus carros-chefes. Por todos esses motivos, o assunto felicidade vem ganhando cada vez mais evidência nas empresas, a ponto de muitas empresas criarem o cargo de *Chief Happiness Officer*.

Muitas organizações ainda usam apenas o modelo de recompensas e punições para fazerem as pessoas produzirem. Elas podem até entregar o que é esperado delas com esse modelo, mas ele sozinho deixa as almas dos funcionários subnutridas. Uma pessoa movida apenas pelo medo de punição ou por uma boa recompensa financeira geralmente não se sente estimulada em colaborar com os outros e, dependendo de seus valores, pode até apresentar algum comportamento antiético.

A felicidade no trabalho não depende apenas de um fator isolado. Ela está ligada a muitos fatores, que podem ser classificados em uma escala de necessidades humanas. No livro *A organização dirigida por valores*, Richard Barrett fez um ótimo paralelo entre a escala de necessidades de Maslow e a felicidade no trabalho. Abraham Maslow identificou dois tipos básicos de necessidades humanas:

a. As básicas (sobrevivência, relacionamento e autoestima).
b. As de crescimento (transformação, fazer a diferença e deixar um legado).

Segundo o autor, nós nos sentimos ansiosos e com medo quando nossas necessidades básicas não são satisfeitas. Uma vez realizadas, não prestamos mais atenção a elas. Já as necessidades de crescimento, quando satisfeitas, geram níveis mais profundos de busca.

Felicidade é o que você sente quando consegue abrir mão da ansiedade ou do medo que tem em relação a não conseguir satisfazer suas necessidades básicas. Já a capacidade de você suprir suas necessidades de crescimento lhe gera uma sensação mais profunda do que a felicidade, e portanto, um nível mais profundo de motivação e comprometimento. Assim, líderes que queiram ter colaboradores leais, comprometidos e criativos precisam assegurar que seus funcionários consigam suprir suas necessidades básicas, e oferecer programas e oportunidades para permitir que eles busquem e satisfaçam suas necessidades de crescimento.

Desde 2022 eu venho conduzindo uma pesquisa com funcionários de organizações para descobrir quais são os fatores que mais animam e desanimam no trabalho. Foram mais de duas mil pessoas pesquisadas. O fator "Liderança que eu admiro e respeito" está sempre entre os três fatores mais citados. Isso mostra a importância de você se aprimorar como líder. Para quase metade das pessoas, a admiração e o respeito pelo gestor são um dos fatores que mais as mantêm animadas no trabalho. Segundo um levantamento da consultoria de recrutamento Michael Page, 80% das pessoas que eles atendem pediram demissão por causa de seus chefes.

O que você precisa fazer para conquistar a admiração de seus liderados? Pense no melhor ou na melhor líder que você teve em sua vida, o(a) que mais você admirou. Agora pense nas características dessa pessoa. Quais são os motivos que levam você a admirá-la? Se você é como a maioria das pessoas, provavelmente o motivo da escolha é por ela ser alguém que sabe lidar bem com as pessoas. Alguém que exerce uma liderança humana. Eu perguntei para mais de 100 pessoas no Brasil qual foi a liderança que elas mais admiraram em suas vidas e 76% delas lembraram de líderes que eram humanos. Fatores como saber escutar, lidar bem com as pessoas, dar autonomia, confiar, respeitar, valorizar, ter humildade, transparência foram lembrados. Somente 24% mencionaram que admiravam seu líder por ele ter alguma habilidade técnica ou algum conhecimento de negócios. Ou seja, **OS LÍDERES MAIS ADMIRADOS SÃO MUITO MAIS "GENTÓLOGOS" DO QUE "COISÓLOGOS".**

Claro que as competências técnicas também são importantes, mas a chance de você conseguir motivar uma equipe a dar seu melhor, porque as pessoas que a compõem te admiram, será muito maior se você for um líder humano que respeita, escuta, ensina e realmente se importa com as pessoas. Cabe a você também se manter animado, pois um líder desmotivado, que vive reclamando, acaba desmotivando sua equipe.

Para muitos, o reconhecimento financeiro e a remuneração animam menos do que a oportunidade de crescimento, o reconhecimento profissional, um ambiente colaborativo e a oportunidade de aprendizado e pertencimento.

Alguns dos fatores são *deal breakers* (expressão norte-americana que fala de uma condição que, se não for contemplada, inviabiliza um negócio). Algumas das nossas necessidades básicas, quando não são atendidas, podem afugentar nossa alma do trabalho. Remunerações muito injustas, um clima de estresse e medo, microgerenciamento, estruturas extremamente hierárquicas e burocráticas ou chefes autoritários e que não são admirados podem nos deixar infelizes no trabalho, mesmo que outros fatores sejam atendidos.

Se existisse um "almômetro" para medir o nível de "alma" das pessoas no trabalho, as que estão trabalhando em um formato de bando quase com certeza estão com um nível bem baixo. Desorganização e falta de direção, propósito, alinhamento e governança desanimam e desengajam as pessoas. Já as que estão trabalhando em times, é quase certo que estejam com a "alma" cheia. Nos próximos capítulos, há um mapa para você aprender a montar um time autogerido e, assim, ter liderados animados, com alta performance e focados no que gera valor.

Um time organizado, motivado e focado faz milagres

Há inúmeros exemplos históricos que mostram um grupo pequeno de pessoas trabalhando de forma organizada e superando grandes forças desorganizadas.

Um exemplo clássico de como um grupo pequeno, mas bem organizado, pode dominar um oponente maior e desorganizado é a conquista do Império Asteca pelos espanhóis, liderados por Hernán Cortés, no século XVI. Embora numericamente inferiores, os espanhóis se destacavam por sua organização, clareza de propósito e alta motivação. Enquanto isso, o Império Asteca, apesar de sua imensa força e recursos, enfrentava problemas internos, divisões políticas e desorganização. Isso comprometeu sua capacidade de reagir de forma eficaz. A determinação dos espanhóis, combinada com estratégia precisa e liderança focada, foi decisiva para o êxito em conquistar o vasto território asteca.

Outro episódio histórico que ilustra bem essa dinâmica foi a Batalha de Stirling Bridge, em 1297, durante a Primeira Guerra de Independência da Escócia. Liderados por William Wallace e Andrew de Moray, os escoceses, mesmo em menor número e com menos recursos, aproveitaram o terreno a seu favor e, com disciplina e liderança forte, derrotaram as forças inglesas. Essa vitória foi um marco importante na luta pela independência da Escócia, mostrando como um pequeno exército com coesão e propósito pode superar um oponente numericamente superior.

Este livro ensinará a montar um time focado, motivado, organizado e brilhante em gerar valor para quem vocês atendem. Com ele, você será capaz de conquistar o que almejar e a superar todos os objetivos, sem que você e sua equipe tenham de se matar de tanto trabalhar.

RESUMO DO CAPÍTULO

- Colaboradores felizes trocam menos de trabalho, são mais colaborativos, aceitam mais as mudanças, tratam melhor os clientes e ajudam a criar um melhor ambiente no trabalho.
- A felicidade no trabalho não depende apenas de um fator isolado. Ela está ligada a muitos fatores, que podem ser classificados em uma escala de necessidades humanas.
- O item "Liderança que eu admiro e respeito" é um dos fatores que mais impactam positivamente no engajamento das pessoas no trabalho. Isso mostra a importância de você se aprimorar como líder.
- Os líderes mais admirados são muito mais "gentólogos" do que "coisólogos".
- Se existisse um "almômetro" para medir o nível de "alma" das pessoas no trabalho, as que estão trabalhando em um formato de bando quase com certeza estão com um nível bem baixo e as que trabalham em um time, com um nível alto.
- Um time organizado, motivado e focado faz milagres.

CAPÍTULO 3

Mapa para formar times autogeridos

Montar um time autogerido de alta performance requer uma série de iniciativas. O mapa a seguir mostra quais ações são recomendadas.

MAPA PARA FORMAÇÃO DE TIMES AUTOGERIDOS

CULTURA DE EMPODERAMENTO	ALINHAMENTO FOCO	ALINHAMENTO CLAREZA	GOVERNANÇA COLETIVA	AMBIENTE DE CONFIANÇA
SER EXPERT EM PESSOAS	FOCAR NO QUE GERA VALOR	DEFINIR O PORQUÊ DO PROPÓSITO	DEFINIR REGRAS BÁSICAS	FACILITAR REUNIÕES
LIDERAR POR MEIO DE PERGUNTAS	DEFINIR ATIVIDADES-CHAVE DE SUCESSO	DEFINIR OS VALORES INEGOCIÁVEIS	MAPEAR E TRATAR PONTOS DE ATRITO E RETRABALHO	DAR FEEDBACKS
SER LÍDER ANTI-HERÓI	IMPLANTAR UMA CULTURA 80/20	DEFINIR OBJETIVOS E METAS COLETIVAMENTE	DEFINIR RESPONSABILIDADES E ALÇADAS DE DECISÃO	TRANSFORMAR CONFLITOS
		ALINHAR AS EXPECTATIVAS		PROMOVER RITUAIS
				TRANSPARÊNCIA
				GESTÃO À VISTA
1	2	3	4	5

Alguns dos itens descritos no mapa são mudanças de atitude do líder, como exercer uma liderança não heroica e praticar a transparência. Outros são habilidades que um líder deve adquirir, como aprender a facilitar uma reunião, lidar com conflitos e dar feedbacks. Há iniciativas que são mais esporádicas, como definir o porquê e os valores inegociáveis. Outras iniciativas são mais frequentes (realizadas pelo menos uma vez ao ano), como alinhar as expectativas e definir coletivamente objetivos e metas.

Algumas pessoas ficam assustadas quando veem o mapa, pois parece muita coisa para ser implementada. Realmente há bastante coisa, mas nem tudo necessita estar rodando para você ser bem-sucedido na formação de um time. Por exemplo, se a conexão entre as pessoas de sua equipe é boa, as pessoas se entendem bem, há pouco retrabalho e pouco conflito, a parte de governança não precisa ser trabalhada. Se há muita clareza do que gera valor para seu cliente, de qual a direção a seguir e de quais atividades requerem que vocês sejam brilhantes, a parte de alinhamento de foco não precisa ganhar muita atenção. O ideal é você fazer um diagnóstico para saber quais partes do mapa devem ser trabalhadas e o que pode ser deixado de lado.

Porém, fique atento, pois tendemos a nos iludir achando que nossa equipe está alinhada e focada, e muitas vezes não está. Na empresa que ajudei a fundar, a Opera Education, nós fazemos um diagnóstico para ajudar os líderes a entenderem onde precisam dar foco no mapa. Mais de mil liderados já responderam esse diagnóstico avaliando seus líderes, e alguns dados chamam a atenção. Por exemplo, somente um quarto dos liderados sabe de cor qual é o propósito ou quais os valores de suas organizações. Mais da metade deles não participa das definições de metas ou de como atingi-las. Somente 21% considera que está muito claro e explícito o que seus líderes esperam deles no ano. Apenas um terço dos líderes promove rituais de celebração e somente um quarto promove rituais de conexão.

Nos próximos capítulos, você aprenderá melhor cada item do mapa. Cada capítulo explicará uma das torres e, no final de cada uma, há um pequeno diagnóstico que você poderá fazer para medir se deve dar atenção ou não a cada um dos itens.

CAPÍTULO 4

Cultura de empoderamento

MAPA PARA FORMAÇÃO DE TIMES AUTOGERIDOS

CULTURA DE EMPODERAMENTO	ALINHAMENTO FOCO	ALINHAMENTO CLAREZA	GOVERNANÇA COLETIVA	AMBIENTE DE CONFIANÇA
SER EXPERT EM PESSOAS LIDERAR POR MEIO DE PERGUNTAS SER LÍDER ANTI-HERÓI	FOCAR NO QUE GERA VALOR DEFINIR ATIVIDADES--CHAVE DE SUCESSO IMPLANTAR UMA CULTURA 80/20	DEFINIR O PORQUÊ DO PROPÓSITO DEFINIR OS VALORES INEGOCIÁVEIS DEFINIR OBJETIVOS E METAS COLETIVAMENTE ALINHAR AS EXPECTATIVAS	DEFINIR REGRAS BÁSICAS MAPEAR E TRATAR PONTOS DF ATRITO E RETRABALHO DEFINIR RESPONSABILIDADES E ALÇADAS DE DECISÃO	FACILITAR REUNIÕES DAR FEEDBACKS TRANSFORMAR CONFLITOS PROMOVER RITUAIS TRANSPARÊNCIA GESTÃO À VISTA
1	2	3	4	5

Por muitas décadas, a cultura predominante no trabalho foi a de comando e controle, na qual os liderados eram meros executores de um plano desenhado pelos seus líderes. Ela funcionou bem no passado, pois os mercados eram mais previsíveis e menos dinâmicos, e as pessoas eram menos exigentes. Por mais que estejamos na era digital, essa cultura ainda está presente em muitas organizações. Muitas pessoas que chegam a uma posição de liderança acreditam que devem comandar suas equipes centralizando as decisões e controlando o que cada uma executa. Essa forma talvez ainda funcione para gerir trabalhadores que executam atividades puramente braçais e em organizações em que há pouca confiança nas pessoas. Mas essas circunstâncias serão cada vez mais raras, pois o trabalho braçal está sendo automatizado. Mesmo em linhas de produção industriais, os trabalhadores necessitam ter mais autonomia para tomar decisões, pois precisam operar máquinas cada vez mais sofisticadas.

Para construir um time autogerido de alta performance que gera muito valor, é fundamental uma mudança de mentalidade na forma de gerir. O primeiro passo é você, como líder, tirar sua capa de herói e começar a envolver sua equipe na gestão de sua área. Nessa jornada, é preciso aprender a parar de dar respostas prontas e começar a gerir sua equipe por meio de perguntas. Também é fundamental saber identificar talentos e aptidões de cada pessoa de sua equipe. É muito comum encontrar um líder batendo a cabeça tentando fazer uma pessoa executar uma função para a qual não tem a menor aptidão. Ele acaba gastando um tempo enorme empurrando o funcionário e muitas vezes colocando a mão na massa para executar o trabalho. Você nunca conseguirá alcançar uma alta performance sem ter as pessoas certas nas posições certas.

Também é fundamental que você consiga estabelecer, na cabeça da sua equipe, uma mentalidade de autorresponsabilidade e comprometimento. Neste capítulo, você aprenderá a dar os primeiros passos para montar um time autogerido de alta performance.

Seja um expert em pessoas

Quanto você acredita que uma usina que produz álcool deve conhecer de cana-de-açúcar? Pouco, médio ou muito? Lembre-se que essa é a principal matéria-prima das empresas desse setor e que a qualidade do produto e a margem de lucro dependem diretamente dela. Não é difícil concluir que elas precisam ser experts em cana. E qual é a principal matéria-prima de um líder? Pessoas. Usando a mesma lógica, quanto um líder deve entender de pessoas? Muito. Quanto mais conhecer, melhor ele será como líder.

O mundo está repleto de pessoas em cargo de liderança que conhecem muito de operação, mas quase nada da psiquê humana. Assim como a usina, que deve conhecer cada vez mais de cana, você deve conhecer cada vez mais de gente para se tornar um bom líder.

Antigamente, para ser promovida a chefe uma pessoa precisava demonstrar muito conhecimento técnico sobre o negócio. As questões de pessoas eram delegadas para a área de RH, que tinha de contratar, treinar, motivar e ouvir os colaboradores. O mundo mudou, e a área de RH não consegue mais dar conta de cuidar de todos. Os líderes precisam acordar para o fato de que agora é sua responsabilidade montar, treinar e cuidar da equipe, com o suporte do RH, caso essa área exista em sua organização.

Um líder precisa saber contratar bem e alocar as pessoas de acordo com seus talentos. Eu já vi inúmeros casos de pessoas que foram contratadas pelo seu conhecimento técnico e experiência, mas que não tinham o perfil comportamental adequado para a função que precisavam desempenhar.

Cometi muitos desses erros no começo de minha trajetória como líder. Contratei muitas pessoas sem antes analisar seu perfil comportamental. Acabei gastando um tempo enorme sem sucesso tentando fazer pessoas executarem bem uma função para a qual não tinham o perfil certo. Uma perda enorme de tempo e dinheiro, e uma frustração para os dois lados. Trabalhei durante muitos anos em uma multinacional que vendia inteligência e análise de mercado. Um dos principais cargos era o de analista de mercado, que precisava fazer pesquisas, estudar as empresas, fazer cálculos e escrever bem. É uma função muito analítica. Toda vez que contratávamos alguém sem o perfil analítico para essa função, a pessoa não ia bem e depois de um tempo mudava de função ou saía da empresa.

Há alguns anos, fui contratado para capacitar uma equipe comercial grande. A primeira atitude foi aplicar uma avaliação de perfil comportamental DISC (dominância, influência, estabilidade e conformidade, do inglês *dominance, influence, steadiness and compliance*) nos quase 200 vendedores. Ao analisar os resultados, vimos que mais de 70% deles tinham um perfil mais introvertido, pois gostavam de cuidar e tratar bem os clientes, mas não gostavam de incomodar os outros. Seria um perfil ótimo para um vendedor *farmer* (que cuida de clientes), mas totalmente inadequado para o perfil *hunter* (que prospecta, buscando novos clientes) que eles precisavam. Não era à toa que a equipe não performava bem. Ciente disso, no recrutamento a empresa passou a avaliar os perfis dos candidatos para contratar apenas pessoas com perfil *hunter*. Em pouco tempo, com a rotatividade natural, a composição da equipe foi mudando e começando a performar muito melhor. A equipe antiga, mesmo com os melhores treinamentos do mundo em vendas, nunca performaria melhor do que a nova equipe com o perfil adequado.

Um time com alta performance tem as pessoas certas nas posições certas. Não adianta colocar uma pessoa de baixa estatura como goleiro de um time profissional de futebol. Por mais ágil e técnica que seja, ela não conseguirá chegar nas bolas distantes da mesma maneira que alguém que tem uma grande envergadura. O técnico poderá investir um tempo enorme treinando essa pessoa a pular mais e ser ainda mais ágil, mas ela nunca se destacará na função de goleiro. Não à toa, é muito raro encontrarmos goleiros profissionais com menos de 1,90 m de altura.

No mundo empresarial, pessoas com perfis inadequados realizando determinadas funções demandam um tempo enorme de seu líder. Eles precisam de supervisão e treinamentos constantes. E, mesmo assim, caso se esforcem muito, serão profissionais no máximo medianos. Você pode gastar milhares de horas tentando fazer uma foca subir em uma árvore, mas ela nunca fará bem essa função. Já um macaco não precisa nem treinar; ele já faz isso naturalmente. Da mesma forma, há pessoas que são naturalmente sorridentes e outras que não sorriem nem ouvindo uma boa piada. Se precisar de alguém que sorria como recepcionista, contrate alguém sorridente.

Não adianta treinar quem naturalmente não sorri. Assim que você virar as costas ela para de sorrir, ou o faz de forma artificial. Já para uma sorridente você não precisa falar nem pedir nada; ela sorri naturalmente.

Como líder de um time autogerido de alta performance, você não pode se dar ao luxo de ficar supervisionando, corrigindo e treinando pessoas que não têm perfil para determinada função. Já vi inúmeros donos de pequenas empresas sofrerem horrores por insistirem em manter pessoas que não têm o menor perfil para uma função. É ruim para todo mundo. O líder acaba gastando um tempo enorme cobrindo os erros ou fazendo uma parte do trabalho dessa pessoa. O profissional se desmotiva, pois não consegue entregar o que o líder quer, por mais que se esforce. Quando perceber que alguém não possui talento natural para uma função, transfira essa pessoa para uma área em que suas habilidades naturais possam ser mais bem aproveitadas. Se não houver espaço dentro de sua empresa, faça um plano de transição com a pessoa, para que ela ache algo fora mais adequado para seu perfil. Você pode até conseguir montar um time de focas com o objetivo de pegar cocos em cima de árvores, mas ele nunca terá alta performance.

Além de colocar as pessoas certas nas funções adequadas, como líder, é essencial entender que cada indivíduo é único e que não existe uma abordagem única para motivar e engajar sua equipe. Parece óbvio, mas não é. Na prática, a maioria dos líderes acredita que todas as pessoas se motivam pelos mesmos fatores que eles mesmos valorizam. Uma mesma mensagem ou incentivo pode, ao mesmo tempo, energizar alguns e desanimar outros. Portanto, um bom líder tem de saber ler as pessoas. O autor norte-americano Simon Sinek retratou muito bem isso quando disse: "Cem por cento dos clientes são pessoas. Cem por cento dos colaboradores são pessoas. Cem por cento dos parceiros são pessoas. Se você não entende sobre gente, você não entende sobre negócios".

Um bom ponto de partida para entender melhor as pessoas é reconhecer que existem diversos tipos de personalidades e comportamentos na humanidade. No entanto, essa grande diversidade comportamental pode ser organizada em alguns grupos principais de personalidade. Há muitas ferramentas que podem te ajudar a fazer esse trabalho. As mais conhecidas e utilizadas pelas empresas no mundo são o DISC e o MBTI (do inglês *Myers-Briggs Type*

Indicator). Ambos são muito bons, mas eu particularmente uso mais o DISC, pois é mais simples e fácil de ser entendido. Seu nome deriva da classificação das pessoas em quatro tipos comportamentais:

- **(D) Dominantes** (pessoas orientadas a resultados).
- **(I) Influentes** (pessoas orientadas a relacionamentos).
- **(S) eStáveis** (pessoas orientadas a rotina e harmonia).
- **(C) Conformes** (pessoas orientadas a regras e processos).

Cada um desses perfis é motivado por diferentes fatores. Mas como todos nós somos filhos, netos ou bisnetos da Revolução Industrial, que tem como pilares a padronização e a massificação para ganhar economia de escala, tendemos a padronizar o ser humano e achar que todas as pessoas são motivadas da mesma maneira que nós. Pegue o exemplo de um líder com o perfil Dominante. Para ele, o que todos gostam mesmo é de competição e grandes desafios, pois é isso que os motiva. Para um Dominante, é difícil compreender que uma pessoa talvez se motive muito mais por um elogio público do que por dinheiro (o que é comum nos perfis Influentes); ou quando realiza uma tarefa que vai beneficiar o grupo (comum nos Estáveis), ou ainda que alguém se realizará quando tiver a oportunidade de mergulhar em um assunto, tornando-se a fonte técnica para que um objetivo seja atingido (frequente nos Conformes).

Por isso, é fundamental que você, como líder, se conheça bem, para entender a perspectiva pela qual tende a enxergar o mundo. O DISC é uma excelente ferramenta para aprofundar esse autoconhecimento e para identificar as melhores formas de motivar cada pessoa, ajudando-as a alcançar seus objetivos com mais facilidade. Se você quiser se aprofundar no DISC, acesse o site www.studiodisc.com.br. Nele você aprenderá a identificar cada perfil e a entender como deve lidar e motivar cada um deles.

Uma maçã podre pode estragar todas as outras

Um estudo realizado em 2006 pela The Rotterdam School of Management, intitulado *The bad apple effect*, revelou que grupos com uma pessoa desagregadora apresentavam desempenho entre 30 e 40% inferior em comparação

aos grupos sem esse tipo de membro, mesmo quando contavam com indivíduos mais talentosos e inteligentes. Nas equipes afetadas por essa "maçã podre", os integrantes tendiam a discutir e brigar com mais frequência, deixavam de compartilhar informações relevantes e a comunicação se tornava escassa, comprometendo gravemente o trabalho em conjunto.

Se você quer montar um time de alta performance, deve dar muita atenção à escolha das pessoas. Além de colocar as pessoas certas nas posições certas considerando os perfis comportamentais e talentos de cada um, é fundamental contratar apenas pessoas que tenham os valores da organização. Se você identificar alguém que não tem os valores e que seja uma maçã podre, não a mantenha em seu time, por mais talentosa que seja. Simon Sinek, consultor e escritor norte-americano, em algumas de suas palestras mostra como os Seals, militares de elite nos Estados Unidos, recrutam as pessoas. Segundo Sinek, confiança e lealdade estão na frente da performance. Eles preferem contratar alguém de média performance e alta confiança a alguém de alta performance e baixa confiança. O processo de contratação da empresa norte-americana Zappos é baseada 50% em fit cultural e 50% nas aptidões e experiências do candidato. O problema é que nas empresas temos muitos mecanismos para medir a performance e quase nenhum para medir confiança, lealdade ou fit cultural. E são geralmente as pessoas de alta performance, mesmo se tiverem baixa lealdade ou pouco fit cultural, as que são promovidas.

Preste atenção aos detalhes: alguém que não é leal a sua própria esposa ou marido será leal a você? Esses são geralmente os egocêntricos: colocam suas próprias necessidades e ambições acima das da equipe, busca reconhecimento individual a qualquer custo e não colabora de forma eficiente.

Mas não somente os egocêntricos são destrutivos. Alguns outros perfis que podem comprometer o desempenho do seu time são:

- O Reclamão: está constantemente insatisfeito e reclama de tudo, desde as decisões da liderança até as condições de trabalho, criando um ambiente negativo e desmotivador.
- O Crítico Destrutivo: sempre deprecia o trabalho dos outros, fazendo críticas que não são construtivas, o que mina a confiança e a motivação dos colegas. Dirá que as ideias de outras pessoas não são adequadas, mas não oferecerá alternativas.
- O Preguiçoso: evita responsabilidades, delega suas tarefas aos outros ou simplesmente não se esforça, sobrecarregando o restante do time e gerando ressentimento. Ele frequentemente diz: "tanto faz" ou "eu não me importo". Não cumpre prazos, entrega trabalho incompleto ou malfeito, forçando os outros a corrigirem seus erros, o que prejudica o andamento do projeto.
- O Fofoqueiro: espalha rumores e alimenta intrigas dentro do grupo, criando desconfiança e tensão entre os colegas de equipe.

Às vezes uma pessoa pode estar temporariamente insatisfeita e demonstrar algum desses comportamentos; eventualmente você pode corrigi-la por meio de feedbacks, alinhamento de expectativas e mentoria. Mas, se você perceber que esses comportamentos são parte da personalidade da pessoa, não hesite em tirá-la de sua equipe.

Se você enxergou algum desses comportamentos em você mesmo, alerta vermelho!!! Trabalhe no seu autodesenvolvimento e na sua evolução, pois você nunca conseguirá montar um time de verdade agindo assim.

Envolva sua equipe na contratação

Uma prática recomendada na seleção de pessoas para seu time é envolver sua equipe no processo. Normalmente, após entrevistar vários candidatos, chegamos a uma fase em que precisamos decidir entre dois ou três finalistas. Nesse ponto, convide alguns membros de sua equipe para também entrevistarem os candidatos. Embora a decisão final seja sua, como líder, leve em consideração opiniões e ponderações da equipe. Se alguém de confiança levantar uma objeção razoável a um candidato, é prudente evitar a contratação dessa pessoa.

Ao adotar essa abordagem, você obtém os seguintes benefícios:

- O candidato contratado já terá conhecido parte da equipe.
- Ele terá a oportunidade de entender melhor a cultura da empresa.
- Você terá uma visão mais completa e diversificada do candidato.
- O novo integrante será recebido de forma mais acolhedora pela equipe.
- Os membros da equipe se sentirão mais comprometidos em apoiar o novo colega.
- Aumenta o pertencimento e o senso de time.
- Se o desempenho do contratado não for o esperado, a decisão terá sido compartilhada, e não exclusivamente sua.

Se houver tempo e recursos, uma ótima estratégia é criar uma dinâmica em que os candidatos finalistas realizem atividades colaborativas com sua equipe. Essa é a melhor forma de observar se eles possuem ou não espírito de equipe.

Desenvolva uma mentalidade questionadora

Peter Drucker afirmou que: "O líder do passado era uma pessoa que sabia o que dizer. O líder do futuro será uma pessoa que sabe perguntar". Saber fazer boas perguntas é fundamental para você formar um time de alta performance. Provavelmente você não desenvolveu essa habilidade, pois os

modelos educacionais e de gestão tradicionais, aos quais você provavelmente foi exposto, não te incentivaram a perguntar. As crianças, naturalmente curiosas, inundam os pais de perguntas. Eles, com o tempo, perdem a paciência e param de responder. No colégio, aqueles que perguntam muito são zombados pelos seus colegas. Somos ensinados a decorar e calcular coisas, mas não a perguntar ou desenvolver nosso senso crítico.

Chegamos à vida adulta desestimulados a perguntar e viramos líderes que falam muito e perguntam pouco. O melhor gestor que tive até hoje era mestre em fazer ótimas perguntas. Toda vez que eu fazia uma pergunta para ele, raramente saía com uma resposta. Voltava para a minha mesa com uma pergunta que ele me fazia para me desafiar. Essa sua postura ajudou a me desenvolver, pois suas perguntas me ajudaram a entender o negócio e a priorizar o que era mais importante.

A MELHOR FORMA DE TREINAR UMA EQUIPE É POR MEIO DE PERGUNTAS. Em vez de explicar o que a pessoa tem de fazer, dê um caso para ela resolver. Por exemplo, se você quiser ensinar um atendente da sua equipe a lidar com uma pessoa nervosa, não diga como ela deve agir. Faça a ela a seguinte pergunta: "Um cliente liga nervoso para você, o que você acha que poderia fazer para acalmá-lo?". Dê então um minuto para a pessoa pensar e anotar em um papel o que acha antes de responder. Esse tempo é fundamental para a pessoa refletir, ativar seu cérebro e, com isso, despertar sua curiosidade sobre o tema. Além disso, isso a colocará em um estado de atenção. Acertando a resposta ou não, ela estará muito mais aberta a receber sua instrução e lembrará por muito mais tempo do que você disser para ela.

Um líder que não faz boas perguntas pode tornar sua equipe uma mera executora de tarefas e raramente conseguirá extrair o máximo potencial dela. Chad Holliday, na época em que foi CEO global da DuPont, afirmou que: "A empresa tem mais de 6 mil gerentes tomando de 4 a 5 decisões por dia. Se conseguirmos que eles façam as perguntas certas antes de tomarem decisões, a empresa economizará uma quantia tremenda de tempo e dinheiro".

Existem três perguntas que você sempre deveria fazer para sua equipe visando o aumento de sua performance. Eu as chamo de três perguntas de ouro:

1. O que mais gera valor para nossos clientes (sejam eles internos ou externos)?
2. Quais atividades precisamos realizar excepcionalmente bem para gerar o máximo de valor para os clientes?
3. Qual é o 20% de tudo o que você faz que está gerando 80% do resultado?

Essas três perguntas ajudarão sua equipe a tomar consciência do que é importante e de onde ela deve ter foco. Perguntar é uma das técnicas para você deixar de ser um líder herói, tópico que veremos no próximo capítulo.

Um bom líder tem de ser um mestre em fazer perguntas inteligentes e provocativas. Segundo o autor norte-americano Warren Bennis, que escreveu vários livros sobre liderança, um gerente pergunta "como" e "quando", já um líder pergunta "o quê" e "por quê". Sugiro que você aprenda um pouco sobre o método socrático, que tinha como um de seus princípios a construção coletiva do conhecimento, em vez da mera transmissão de informações. Sócrates, um dos mais importantes filósofos de toda a humanidade, não transmitia suas ideias diretamente; ele apenas fazia boas e novas perguntas o tempo todo. Ele acreditava que as pessoas conseguiam aprender muito mais por meio da autorreflexão, obtida com bons diálogos recheados de questões provocativas. O líder que sempre leva as respostas prontas para sua equipe acaba inibindo ou atrasando o crescimento de seus liderados, pois não os provoca a pensar e buscar as soluções por si mesmos.

RESUMO DO CAPÍTULO

- O primeiro passo para construir um time autogerido de alta performance que gera muito valor é você, como líder, tirar sua capa de herói e começar a envolver sua equipe na gestão de sua área.
- O mundo está repleto de pessoas em cargos de liderança que conhecem muito de operação, mas quase nada da psiquê humana. Assim como a usina, que deve conhecer cada vez mais de cana, para se tornar um bom líder você deve conhecer cada vez mais de gente.
- Os líderes precisam acordar para o fato de que agora é sua responsabilidade montar, treinar e cuidar da equipe, com o suporte do RH, caso essa área exista em sua organização.
- No mundo empresarial, pessoas com perfis inadequados realizando determinadas funções demandam um tempo enorme de seu líder. Eles precisam de supervisão e treinamentos constantes. Um time que tem alta performance tem as pessoas certas nas posições certas.
- Além de colocar as pessoas certas nas funções adequadas, como líder, é essencial entender que cada indivíduo é único e que não existe uma abordagem única para motivar e engajar sua equipe.
- Por isso, é fundamental que você, como líder, se conheça bem, para entender a perspectiva pela qual tende a enxergar o mundo. O DISC é uma excelente ferramenta para aprofundar esse autoconhecimento e para identificar as melhores formas de motivar cada pessoa.
- Se você quer montar um time de alta performance, deve dar muita atenção à escolha das pessoas. Além de colocar as pessoas certas nas posições certas considerando os perfis comportamentais e talentos de cada um, é fundamental contratar apenas pessoas que tenham os valores da organização.
- Se você identificar alguém que não tem os valores e que seja uma maçã podre, não a mantenha em seu time, por mais talentosa que seja.
- Envolva sua equipe na seleção de candidatos.
- Um bom líder tem de ser um mestre em fazer perguntas inteligentes e provocativas.

Da Cidade do Cabo a Helsinque em menos tempo

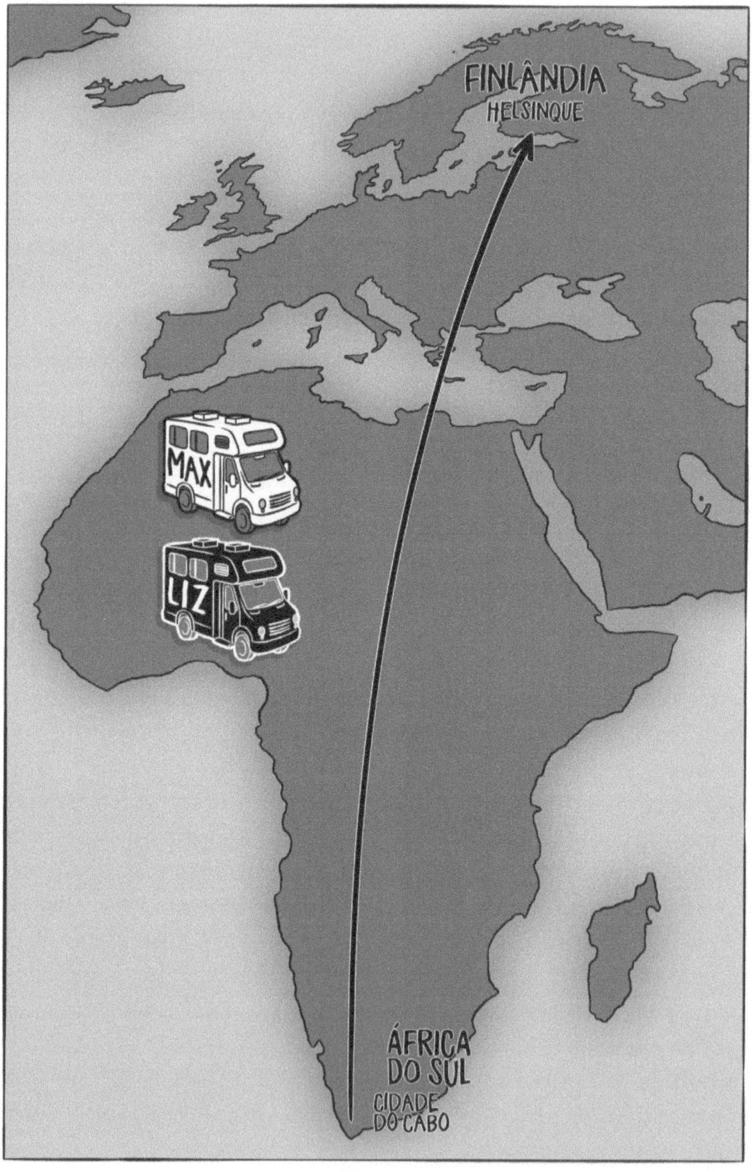

Um mês antes da largada para Helsinque, a busca pelas equipes se intensificou para Max e Liz.

Max, fiel à sua mentalidade estratégica, priorizou a excelência técnica. Recrutou um navegador com milhas voadas ao redor do mundo, um motorista com incontáveis quilômetros rodados em modelos similares, um mecânico recomendado pela própria fabricante do ônibus e um segurança com duas décadas de experiência no exército sul-africano. Para completar, contratou um cozinheiro, garantindo que as necessidades básicas da equipe fossem atendidas. Ao remunerar cada um de acordo com suas habilidades, Max confiava que a vitória sobre Liz seria inevitável.

Liz, por outro lado, focou construir uma equipe alinhada ao seu propósito. Buscou pessoas que compartilhassem o sonho da travessia e que nutrissem uma paixão pela Finlândia. A experiência técnica era secundária; o mais importante era encontrar indivíduos que valorizassem tanto a jornada quanto o destino.

Determinada a evitar os conflitos que marcaram suas experiências passadas, Liz estabeleceu valores inegociáveis: colaboração, ética, empatia, resiliência e proatividade. Candidatos com o perfil técnico ideal, mas que não demonstrassem esses valores, foram descartados. O processo seletivo se tornou mais longo e desafiador, com entrevistas focadas em identificar os valores desejados. Em um caso, uma candidata que se dizia apaixonada pelo trabalho em equipe foi desmascarada por sua antiga empregadora.

Além das entrevistas, Liz aplicou avaliações comportamentais para garantir que cada membro se encaixasse em sua função. O navegador, por exemplo, precisava ter um perfil analítico. A análise comportamental também revelaria os motivadores individuais, permitindo que Liz adaptasse sua liderança às necessidades de cada um.

Consciente de que sua equipe era menos experiente que a de Max, Liz preferiu correr o risco da derrota a reviver experiências traumáticas. Contratou um mecânico, uma navegadora, um segurança e um motorista, reservando a escolha do quinto membro para um momento posterior, quando pudesse consultar os demais.

Para Liz, era fundamental que a equipe se conectasse em um nível pessoal. No primeiro encontro, pediu que cada um compartilhasse uma linha do tempo de sua vida, destacando os momentos mais marcantes. Fotografias da infância e de momentos especiais também foram compartilhadas, criando um ambiente de intimidade e confiança.

Na casa de Liz, a equipe se reuniu em círculo para o primeiro encontro oficial. Liz, com humildade, admitiu sua falta de experiência em viagens e conhecimentos técnicos. Sua paixão pela aventura, no entanto, compensaria suas limitações, e ela se comprometeu a dar seu melhor para apoiar a equipe.

Após as apresentações, o clima era de familiaridade. Em poucas horas, os membros da equipe se sentiam como amigos de longa data. Liz agradeceu a presença de todos e convidou-os para um segundo encontro na casa de Cris, a navegadora, para planejar a jornada.

CAPÍTULO 5

Liderança anti-heroica

MAPA PARA FORMAÇÃO DE TIMES AUTOGERIDOS

CULTURA DE EMPODERAMENTO	ALINHAMENTO FOCO	ALINHAMENTO CLAREZA	GOVERNANÇA COLETIVA	AMBIENTE DE CONFIANÇA
SER EXPERT EM PESSOAS	FOCAR NO QUE GERA VALOR	DEFINIR O PORQUÊ DO PROPÓSITO	DEFINIR REGRAS BÁSICAS	FACILITAR REUNIÕES
LIDERAR POR MEIO DE PERGUNTAS	DEFINIR ATIVIDADES--CHAVE DE SUCESSO	DEFINIR OS VALORES INEGOCIÁVEIS	MAPEAR E TRATAR PONTOS DF ATRITO E RETRABALHO	DAR FEEDBACKS
SER LÍDER ANTI-HERÓI	IMPLANTAR UMA CULTURA 80/20	DEFINIR OBJETIVOS E METAS COLETIVAMENTE	DEFINIR RESPONSABILIDADES E ALÇADAS DE DECISÃO	TRANSFORMAR CONFLITOS
		ALINHAR AS EXPECTATIVAS		PROMOVER RITUAIS
				TRANSPARÊNCIA
				GESTÃO À VISTA
1	2	3	4	5

O psiquiatra norte-americano Stephen Karpman identificou que, em toda relação disfuncional, costumam surgir três papéis recorrentes: o Vilão, o Herói e a Vítima. Essa é a base do Triângulo Dramático. Poucos gostam de ser vistos como vilões ou vítimas, mas muitos se encantam com o papel de herói — afinal, é o que costuma receber aplausos. Talvez por isso tantas empresas estejam repletas de líderes que assumem a postura de heróis.

Ser herói pode até parecer bacana, mas você já conheceu algum que seja realmente feliz? É muito difícil achar um. Geralmente os super-heróis das histórias são solitários, cheios de conflitos internos e raramente têm um momento de relaxamento ou de prazer. Carregam o mundo nas costas se sentindo responsáveis pelo bem da humanidade, o que gera um grande sofrimento para si mesmos. Como disse F. Scott Fitzgerald, considerado um dos maiores escritores norte-americanos: "Mostre-me um herói e eu escreverei uma tragédia".

O mesmo acontece com os heróis corporativos. A maioria deles acaba se tornando infeliz e estressada. A felicidade depende de se ter algum grau de equilíbrio na vida. Podemos trabalhar muito, mas é preciso dedicarmos algum tempo para a família e os amigos, cuidar da saúde, dormir, se espiritualizar e para outras atividades não ligadas ao trabalho. Pessoas que têm uma vida unilateral, ou seja, que se dedicam exageradamente a uma só atividade na vida, geralmente acabam desenvolvendo algum problema psíquico. Basta ver os grandes gênios da humanidade que dedicaram quase todo seu tempo a uma área ou a um tema. É difícil achar algum deles que não seja ou muito excêntrico ou meio maluco.

Os heróis corporativos raramente têm uma vida equilibrada. Chegam em casa depois de um dia exaustivo no trabalho e quase nunca conseguem se desligar do trabalho e se conectar verdadeiramente aos seus filhos, maridos ou esposas. Eles podem até dar muito resultado a curto prazo para suas organizações, mas à custa de sua saúde física e emocional de quem vive perto. Perdem a noção de seus limites e a conexão consigo mesmos e com os outros. É comum sentirem-se sozinhos e solitários, mesmo quando bem-sucedidos. Os que se desconectam muito de si e dos outros frequentemente acabam desenvolvendo crises de ansiedade, depressão ou *burnout*. Esquecer de cuidar de si pode contribuir para o desenvolvimento de várias doenças físicas, como doenças cardíacas, pressão alta, problemas gastrointestinais e comprometimento do sistema imune. O estresse prolongado pode ter efeitos negativos sobre o corpo e a mente, aumentando o risco de doenças graves.

Não é somente o líder que sai perdendo com essa postura heroica

A empresa também é prejudicada. Um líder herói acaba se distanciando de sua equipe, pois se coloca em um platô superior ao dos que trabalham para ele. Quanto mais heroica for uma pessoa, mais ela estará sob domínio de seu ego. E, quanto mais o ego mandar, maior será a desconexão com sua equipe. Os impactos desse tipo de liderança variam de acordo com a personalidade de quem está no comando. Os carismáticos podem despertar a idolatria e a bajulação de alguns. Os bravos e controladores formam equipes que agem muito mais por temor do que por inspiração. Os mais fechados e tímidos acabam se isolando e despertando desconfiança.

Em quaisquer um dos casos, um muro vai sendo construído entre o herói e seu time. Ao longo do tempo, o herói centralizador poderá levar sua equipe à mediocridade. Os liderados com uma natureza mais passiva vão ficando cada vez mais acomodados esperando as grandes ideias virem de cima. Os liderados mais ativos e entusiasmados vão se sentindo sufocados pela falta de oportunidade de também serem protagonistas e, aos poucos, passam a buscar oportunidades em outra área ou organização. Ou seja, quanto mais herói for um líder, mais passiva e menos criativa sua equipe será no médio prazo.

Claro que há exceções, pois sempre existirão liderados proativos que resolvem os problemas com autonomia independentemente do tipo de chefe que tiverem. Esses geralmente se tornam os futuros líderes. Mas muitos colaboradores, com o tempo, diante de uma crise ou situação mais difícil que precisam resolver, ficam de braços cruzados esperando a salvação vir de seus líderes heroicos. As pessoas somente dão 100% de suas almas quando se sentem protagonistas ou quando são envolvidas na criação.

QUANTO MAIS HERÓI FOR UM LÍDER, MAIS ACOMODADA E PASSIVA SERÁ SUA EQUIPE. Ser herói não é bom nem para nós mesmos, nem para a equipe, muito menos para a empresa. O preço que se paga por ser herói é altíssimo para nossa vida pessoal e nossa saúde, e, ainda por cima, acabamos castrando a equipe. Ela acaba se tornando dependente e pouco criativa.

Esse conceito também se aplica a famílias. Quanto mais heroicos forem os pais, mais os filhos tendem a se acomodar. O mesmo acontece em sistemas familiares disfuncionais. É comum uma pessoa da família, geralmente a mais empática, assumir o papel de salvadora. Todos a buscam para resolver os problemas, financiar ou bancar quem está mal financeiramente e cuidar da mãe ou da avó idosa. Apesar de todos os perrengues, há um ganho em termos de status na família. A salvadora se sentirá superior aos demais do clã e se alimentará da admiração de seus parentes. Mas esse status vem acompanhado de um grande desgaste físico e emocional. Essas pessoas não conseguem ter 10 minutos de folga para elas mesmas, e muitas se vangloriam disso. Mas essa não é a grande questão. O problema é a acomodação que isso gera no resto da família.

É claro que há casos em que uma pessoa tem de ser protagonista e assumir a responsabilidade pelos outros da família, como em situações de doença, parentes idosos, filhos com alguma questão mais grave etc. Em uma família funcional, todos deveriam se esforçar para ajudar uns aos outros. Mas há muitos casos nos quais há um herói rodeado de folgados e vítimas. Enquanto ele não começar a dar bastas e tirar sua capa de herói, ninguém da família se mexerá nem crescerá. O herói familiar é muitas vezes a principal trava do amadurecimento de seus parentes. É muito nobre ser solidário e ajudar as pessoas da família, todos deveriam fazer isso. Mas é preciso medir se a relação não está desequilibrada e gerando acomodação.

Retomando o Triângulo Dramático, minha sugestão para você, enquanto líder, é simples: assuma o papel de herói apenas em situações de emergência. Se tudo estiver desmoronando e só você souber como agir, vá em frente e resolva. Fora isso, guarde a capa de herói no armário.

E quanto ao papel de vilão? Cedo ou tarde você precisará assumir esse lugar. Um bom líder não está ali para agradar a todos — decisões difíceis e impopulares fazem parte do jogo. Só não confunda isso com ser autoritário ou tóxico. Aí sim você deixa de ser líder para se tornar parte do problema.

Dos três papéis, o único que um líder jamais pode assumir é o de vítima. Ninguém respeita um líder que vive se queixando ou fazendo drama. Liderança exige responsabilidade, não "mimimi".

Como descobrir se você é um líder herói

Quer medir o herói que você é como líder? Então tire um mês inteiro de férias e se desligue totalmente do trabalho. Deixe sua equipe se virar sozinha. Na volta, observe o que aconteceu. A resposta estará na reação de sua equipe, que pode ser uma das seguintes:

1. As pessoas deram conta de tudo sem acioná-lo, e você observou que não houve nenhuma grande evolução no time. Parabéns! Seu grau de heroísmo é baixo.

2. As pessoas deram conta de tudo sem acioná-lo, e você observou uma grande evolução no time nesses 30 dias. Isso mostra que sua equipe é boa, mas seu grau de heroísmo é alto. Se houve um grande desenvolvimento, as pessoas tiveram de aprender a se virar sozinhas, o que não acontecia antes, ou seja, provavelmente está centralizando muito as funções em você.
3. Tudo desandou e sua equipe ficou perdida e acionando-o o tempo todo. Muitos problemas que antes não aconteciam passaram a acontecer em sua ausência. Se a equipe não for muito júnior, seu grau de heroísmo é muito alto. Isso mostra que você puxa muito as decisões para si. Sua equipe, como consequência, se tornou incapaz de se virar sozinha.

Como rasgar a capa de herói?

Mas então, como você deve agir para se despir dessa fantasia? Para começar, experimente falar menos e ouvir mais. Quando for resolver um problema com sua equipe, peça para que todos participem da solução. Seja sempre o último a falar. Se você for o primeiro a opinar, muitos ficarão inibidos de contrariá-lo caso tenham uma opinião diferente da sua. Já facilitei inúmeras reuniões em que o chefe foi o primeiro a falar e os demais repetiram exatamente o que ele disse.

Deixe de ser a pessoa que sabe tudo e comece a encontrar as respostas no grupo. Em vez de apontar os caminhos, aprenda a provocar sua equipe com perguntas inteligentes. Somente assim você conseguirá desenvolver a autonomia de sua equipe. Não caia na tentação de mostrar que você é perfeito e que nunca está triste. Quanto mais transparente e aberto você for e mais coragem tiver de expor alguma de suas vulnerabilidades (obviamente sem "mimimis"), mais conexão você criará com seu time. Em vez de mandar nas pessoas e querer controlá-las, vire um facilitador e orientador. Crie um ambiente seguro para as pessoas opinarem, se desenvolverem e acharem soluções por elas mesmas.

Tenha uma vida mais balanceada e que não seja concentrada somente no trabalho. Isso o ajudará a ter mais equilíbrio emocional e o tornará uma pessoa mais interessante e inspiradora. Para isso, pare de aceitar todos os projetos e reuniões que caem em seu colo e de dizer sim o tempo todo para as pessoas. Aprenda tudo o que você puder sobre o princípio de Pareto, que mostra que somente 20% do que fazemos são responsáveis por 80% dos resultados. Dedique a maior parte do seu tempo às atividades que realmente gerem valor para a organização.

Aprenda a educadamente dizer mais "nãos". Se tiver dificuldade em dizer não, leia o livro *O poder do não positivo*, de William Ury. Com essa leitura, você aprenderá que "todo sim importante requer mil nãos".

A tabela a seguir é um guia para ajudá-lo a rasgar sua fantasia de herói.

Líder herói	Líder anti-herói
Primeiro a falar	Último a falar
Aponta o caminho	Faz perguntas inteligentes
Tem resposta para tudo	Encontra as respostas no grupo
Mostra-se perfeito	Mostra vulnerabilidades (sem "mimimi")
Manda e controla	Inspira e facilita
Fala muito	Escuta muito
Está sempre ocupado	Sempre tem tempo livre para servir à equipe
Aceita todas as reuniões e projetos que surgem	Aprendeu que atrás de um sim importante há inúmeros nãos

O líder é o guardião energético de sua equipe

Há alguns anos, facilitei uma reunião de uma equipe em uma grande multinacional. Estavam presentes o diretor e os sete gerentes desse departamento. Como exercício de conexão, provoquei todos a contarem qual era a influência da educação que receberam dos pais nos seus estilos de liderança. O diretor quis ser o primeiro a falar e contou que, quando era pequeno, ele por vezes ia ao escritório de sua mãe e ficava debaixo da mesa dela. Ele por muitas vezes presenciou escondido sua mãe sendo assediada por executivos machistas. Ao contar essa história e dizer como isso o revoltou e o impactou, ele se emocionou, e lágrimas correram em seu rosto na frente de seus gerentes.

Ao se mostrar vulnerável, ele criou uma conexão imediata com todos os que estavam na sala e encorajou todos a se abrirem. Durante quase uma hora vivemos quase uma catarse. Um dos gerentes tomou coragem e revelou pela primeira vez que estava com câncer. Uma executiva disse pela primeira vez que seu pai havia se suicidado. Várias outras histórias apareceram, e tudo só foi possível com o diretor abrindo seu coração. Esse ambiente de confiança, que fez todos se abrirem, gerou uma conexão enorme entre todos.

Desde que a pesquisadora e palestrante Brené Brown começou a falar sobre vergonha e vulnerabilidade e lançou o livro *A coragem de ser imperfeito*, a vulnerabilidade se tornou uma palavra da moda no mundo corporativo. Segundo a autora, ela humaniza os líderes e permite que as equipes cresçam com mais empatia e colaboração. No entanto, é importante diferenciá-la de fraqueza.

Quando um líder demonstra vulnerabilidade, ele se humaniza e facilita a conexão com seu time. Por outro lado, ao mostrar fraqueza, ele perde a admiração e o respeito de sua equipe. Ser vulnerável é admitir que não sabe tudo, pedir ajuda para resolver problemas e reconhecer quando não está bem. Demonstrar fraqueza é se ofender facilmente, desequilibrar-se emocionalmente com frequência, perder a razão, fazer intrigas, desistir sem tentar, colocar-se no papel de vítima ou ser cheio de "mimimi".

Como líder, você pode mostrar vulnerabilidade, mas sem ser fraco. Lembre-se: você é o guardião emocional de sua equipe. Quando você está entusiasmado, há uma grande chance de sua equipe também se entusiasmar. Mas, se desanimar e se entregar, sua equipe seguirá na mesma direção.

Durante algum tempo, ajudei uma empreendedora a definir o propósito, os valores e as atividades-chave da empresa com sua equipe. No início das reuniões, eu sempre fazia um *check-in* para ver como as pessoas estavam emocionalmente. Sempre que ela estava cansada, 90% da equipe também estava. Quando ela estava bem, a maioria também estava. Isso demonstra o quão importante é cuidar de si para poder cuidar da equipe. O primeiro aprendizado de um líder é como liderar a si mesmo. Invista em seu aprimoramento emocional e no autoconhecimento. Se você estiver mal emocionalmente, tente se afastar da equipe por um tempo para evitar contagiá-la negativamente.

Busque uma empresa com um propósito que te motive, ou crie um que te entusiasme para sua área. Os líderes que se empolgam em missões desafiadoras são os que mais contagiam positivamente suas equipes.

RESUMO DO CAPÍTULO

- A maioria dos heróis corporativos acaba se tornando infeliz e estressada.
- Não é somente o líder que sai perdendo com uma postura heroica. A empresa também é prejudicada.
- Quanto mais heroica for uma pessoa, mais ela estará sob domínio do seu ego. E quanto mais o ego mandar, maior será sua desconexão com a equipe.
- Quanto mais herói for um líder, mais acomodada e passiva sua equipe será.
- Quer medir quão herói você é como líder? Tire um mês inteiro de férias e se desligue totalmente do trabalho. Deixe sua equipe se virar sozinha. Na volta, observe o que aconteceu.
- Para deixar de ser herói, experimente falar menos e ouvir mais. Em vez de apontar os caminhos, aprenda a provocar sua equipe com perguntas inteligentes. Não caia na tentação de mostrar que você é perfeito. Envolva sua equipe nas decisões e criações de sua área.

- Um dos seus principais papéis como líder é fazer as pessoas do seu time brilharem para gerar o máximo de valor para os clientes com cada vez mais autonomia.
- O líder é o guardião energético de sua equipe.
- O primeiro aprendizado de um líder é como liderar a si mesmo. Invista em seu aprimoramento emocional e no autoconhecimento. Se você estiver mal emocionalmente, tente se afastar da equipe por um tempo para evitar contagiá-la negativamente.

CAPÍTULO 6

Alinhamento de foco

MAPA PARA FORMAÇÃO DE TIMES AUTOGERIDOS

CULTURA DE EMPODERAMENTO	ALINHAMENTO FOCO	ALINHAMENTO CLAREZA	GOVERNANÇA COLETIVA	AMBIENTE DE CONFIANÇA
SER EXPERT EM PESSOAS	FOCAR NO QUE GERA VALOR	DEFINIR O PORQUÊ DO PROPÓSITO	DEFINIR REGRAS BÁSICAS	FACILITAR REUNIÕES
LIDERAR POR MEIO DE PERGUNTAS	DEFINIR ATIVIDADES--CHAVE DE SUCESSO	DEFINIR OS VALORES INEGOCIÁVEIS	MAPEAR E TRATAR PONTOS DE ATRITO E RETRABALHO	DAR FEEDBACKS
SER LÍDER ANTI-HERÓI	IMPLANTAR UMA CULTURA 80/20	DEFINIR OBJETIVOS E METAS COLETIVA-MENTE	DEFINIR RESPONSABILIDADES E ALÇADAS DE DECISÃO	TRANSFORMAR CONFLITOS
		ALINHAR AS EXPECTATIVAS		PROMOVER RITUAIS
				TRANSPARÊNCIA
				GESTÃO À VISTA
1	2	3	4	5

AS PESSOAS QUE NÃO SABEM O QUE QUEREM SÃO DOMINADAS POR AQUELAS QUE SABEM. O mesmo acontece com um departamento de uma organização. Caso as pessoas de uma unidade ou área não tenham claro quais são suas prioridades, o que é importante e o que realmente gera valor, as urgências das outras áreas se tornarão suas prioridades. Por isso, um ponto importante para você montar um time que entrega valor é fazer um alinhamento de foco com sua equipe.

Quando não há clareza sobre o foco da sua empresa ou departamento, os colaboradores tendem a priorizar as demandas daqueles que possuem mais poder ou dos que falam mais alto. Frequentemente ficam em dúvida sobre quem atender primeiro e acabam recorrendo à orientação de seus superiores. Dessa forma, os líderes acabam dedicando uma parte significativa de seu tempo auxiliando sua equipe na definição das prioridades diante das diversas demandas existentes.

Para conseguir dar autonomia para sua equipe sem que ela fique perdida, é essencial que todos os membros compreendam o que gera valor para os clientes, sejam eles internos, sejam externos. Com base nisso, identificar quais são as atividades da equipe que mais contribuem para essa geração de valor. Essas atividades devem ser realizadas com excelência e priorizadas na gestão do tempo. Sem essa definição clara, torna-se difícil para você e seus liderados negarem as inúmeras demandas que surgem constantemente. É fundamental que todos saibam quais atividades, realizadas entre as muitas, ganham o jogo.

Neste capítulo, vamos analisar como você e sua equipe poderão gerar muito mais valor e resultados por meio do alinhamento de foco.

Geração de valor

Você acredita que esteja gerando muito valor para as pessoas e para si mesmo em sua vida? É difícil responder essa pergunta, não é mesmo? Afinal de contas, como podemos mensurar isso? Que tal começarmos pela definição do que é valor? Esta palavra pode ter muitas interpretações, como princípios e crenças que guiam a vida de uma pessoa ou uma empresa. Também pode se referir ao preço de um produto ou um serviço. Valor também pode ser algo de que uma pessoa gosta ou necessita, ou algo que é importante para alguém. O tema geração de valor deste livro se refere a este último conceito, ou seja, algo que uma pessoa valoriza ou que é importante para ela.

> AQUELES QUE GERAM GRANDE VALOR NA VIDA SÃO OS QUE DIRECIONAM SEU TEMPO E RECURSOS PARA OFERECER O QUE REALMENTE É MAIS IMPORTANTE OU NECESSÁRIO, SEJA PARA SI MESMOS, SEJA PARA OS OUTROS.

Tendemos a olhar o mundo pelas lentes de nossas crenças, nossos conceitos e nossos preconceitos. Assim, assumimos que o que é importante para mim também é para as outras pessoas. Mas o valor é relativo. Peguemos como exemplo o que nossos clientes pensam em relação a preço, qualidade e agilidade. Há clientes que são exigentes e apressados e que dão muita importância para a qualidade e rapidez da entrega. Para elas, o preço não é tão relevante e elas estão dispostas a pagar mais para receber o produto rapidamente. Por outro lado, há empresas que estão com o caixa mais apertado e abrem mão de qualidade e prazo de entrega em troca de um bom desconto.

Respondendo à pergunta inicial deste texto, acredito que poucas pessoas em suas vidas geram muito valor por onde passam, para os outros e para si mesmas. Mas por que isso acontece? Primeiro pelo fato de não pararmos para pensar sobre esse assunto. A maioria de nós é devorada por seus deveres e obrigações. A correria do dia a dia nos faz entrar no automático e esquecemos de questionar o que é realmente importante. Também tendemos a não mensurar o grau de importância das coisas e achamos que tudo tem um mesmo peso.

Descobrir o que gera valor para nós mesmos é trabalhoso e requer uma boa dose de autoconhecimento. Precisamos pensar e classificar o que é realmente relevante em nossas vidas. Nossas culpas, crenças e autocondicionamentos nos fazem entrar em um modo tarefeiro e pouco questionador.

Deixamos de gerar mais valor para os outros porque não perguntamos a eles o que eles mais valorizam. É muito comum ver pessoas se matando para entregar algo que a outra pessoa não valoriza tanto e não dando atenção ao que realmente importa.

Existem três atitudes básicas que você deve adotar para começar a gerar mais valor em sua vida:

- Pergunte para as pessoas quais são as coisas que mais geram valor para elas. Faça isso também para si mesmo.
- Classifique de cima para baixo o que gera mais e menos valor.
- Foque naquilo que gera mais valor e ignore, faça menos, automatize ou delegue o que gera pouco ou nenhum valor.

O início de tudo é aprender a fazer as perguntas certas. Essa regra de ouro das vendas também é o princípio básico para você começar a gerar mais valor em sua vida. Mas todos nós fomos treinados e condicionados a falar e não perguntar. É muito fácil encontrar bons faladores e muito difícil achar bons "perguntadores".

Adoro fazer visitas a estandes de vendas de imóveis ou concessionárias de automóveis para ver como é a abordagem comercial de seus profissionais. Já fui inúmeras vezes e até hoje, sem exagero, nunca achei alguém que me fizesse perguntas inteligentes. Para falar a verdade, nem as perguntas básicas são feitas. As pessoas desandam a contar sobre os benefícios de seus produtos e esquecem de perguntar se eu tenho filhos, se gosto de esportes, onde trabalho, qual é meu estilo de vida. É incrível, mas nem o trivial "se estou comprando o imóvel para morar ou investir" é perguntado.

O espírito questionador e a criatividade das crianças vão sendo ceifados à medida que a paciência dos adultos vai se esgotando. Na escola, aprendemos a absorver e registrar informações e não a desafiar o que nos é passado. Vamos sendo "adulterados" aos poucos e, quando viramos gente grande, desaprendemos a perguntar. Ao deixarmos de fazer isso, passamos a acreditar que o que gera valor para os outros é o mesmo que gera valor para nós. Quer ver isso na prática? Você já perguntou para seu parceiro ou parceira o que ele ou ela mais valoriza em você e no relacionamento? Caso sim, parabéns, você está entre os 10% das pessoas que já fizeram isso! Os 90% restantes provavelmente estão investindo tempo e/ou dinheiro na direção errada. Uma boa dica é começar a fazer as seguintes perguntas para seu parceiro, parceira, filhos ou clientes:

- O que você mais valoriza em nosso relacionamento?
- Quais são as três coisas que eu devo fazer muito bem, pois geram muito valor para você?
- O que eu faço bem e que deveria fazer mais?
- O que eu não faço hoje, mas deveria começar a fazer, pois gera valor para você?
- O que eu faço hoje e deveria parar de fazer?

É preciso um pouco de coragem para fazer essas perguntas, pois corre-se o risco de ouvirmos algo de que não gostamos, ou a resposta exigir que mudemos algo que não estamos muito dispostos a mudar. Se você não está disposto a mudar, é melhor nem perguntar. No entanto, isso o colocará entre a grande maioria das pessoas que gera muito menos valor do que é capaz.

Conheci várias pessoas que, ao serem incentivadas a fazer essas perguntas, ficaram surpresas com as respostas de seus parceiros. Coisas simples, que poderiam agradar imensamente, não eram feitas, mesmo sendo fáceis de realizar e sem custo financeiro. Por outro lado, muitos carregam uma culpa enorme por fazer ou deixar de fazer algo que acham que alguém não gosta, apenas para descobrir que, na verdade, isso não incomoda nada o outro.

Em um dos workshops que dei há alguns anos, provoquei os participantes a fazerem essas perguntas de geração de valor para seus parceiros ou suas parceiras. No dia seguinte, um dos participantes chegou bem triste e contou que tinha perguntado para sua esposa o que era importante na relação para ela. Ele contou, com lágrimas nos olhos, que ela disse que a única coisa importante era ele trazer dinheiro para casa. Sem dinheiro, ele não gerava valor para ela. Ele ficou chocado, pois percebeu, naquele momento, que ela não o amava de verdade. Foi muito doloroso para ele ouvir isso, mas, por mais difícil que tenha sido, foi melhor saber a verdade e, a partir daí, tentar mudar a relação ou, eventualmente, seguir caminhos diferentes. O pior é não deixar as coisas claras e permanecer em um relacionamento sem uma verdadeira conexão amorosa.

Esse mesmo processo pode estar ocorrendo em sua organização. Quase todos já passaram pela surpresa de um cliente que, de repente, decide não renovar o contrato ou parar de comprar, mesmo quando acreditamos que estamos fazendo um ótimo trabalho e que o cliente está satisfeito. Se não temos o hábito de perguntar diretamente o que realmente gera valor para nossos clientes, acabamos atendendo com base no que presumimos, e muitas vezes nossas suposições estão erradas. E, silenciosamente, alguns clientes migram para quem consegue oferecer o que eles valorizam.

Aprenda a fazer boas perguntas e a não mais querer adivinhar o que gera valor para clientes internos e externos, acionistas, parceiros e colaboradores. É possível que muitos não consigam responder às perguntas de bate-pronto sobre geração de valor, pois esse processo pode demandar algum tempo para reflexão. Assim, dê um tempo para as pessoas pensarem. Também é possível que alguns nem saibam respondê-las, por não saberem claramente o que desejam. Mas a maioria das pessoas sabe o que quer depois de alguma reflexão. Nós somos movidos pelos nossos instintos básicos de sobrevivência, ou pelos nossos medos, ou pela busca do prazer, do conforto e do reconhecimento. Quase todos os nossos desejos derivam desses fatores.

Perguntas inteligentes têm o propósito de revelar o que está por trás dos interesses das pessoas. Com raras exceções de gurus altamente evoluídos, todos temos desejos e problemas a resolver. Para aumentar a geração de valor, é essencial compreender o que motiva os outros e a nós mesmos. Dessa forma, podemos dividir os seres humanos em três categorias:

- Os que sabem quais são seus desejos e problemas e sabem como saciá-los ou resolvê-los.

- Os que sabem quais são seus desejos e problemas, mas não sabem como saciá-los ou resolvê-los.
- Os que não sabem que têm um problema ou desejo, até alguém mostrar a eles que têm.

A última frase ficou famosa na boca de Steve Jobs. Seu foco era justamente lançar produtos e serviços que ainda nem estavam no imaginário das pessoas. Também ficou famosa a frase de Henry Ford: "Se eu perguntasse aos consumidores o que queriam, eles teriam dito: um cavalo mais rápido". Tudo isso é muito bacana, mas lançar uma solução para um problema que o cliente ainda nem sabe que tem é muito custoso e arriscado, pois exige um enorme investimento de tempo e dinheiro para evangelizar e depois divulgar. Caso dê certo, o potencial de lucro é muito grande, mas a probabilidade de lançar algo fora do *timing* certo é enorme.

Com isso, a menos que você realmente queira comprar essa briga, abra seus canais auditivos e mentais para entender muito bem as pessoas que já têm consciência de seus interesses e desejos. Há uma infinidade de pessoas em busca de uma resolução para seus problemas. O que elas não costumam saber é como solucioná-los. Entenda o que as motiva a querer que esses problemas sejam resolvidos. O foco de sua atenção e de suas perguntas deve estar nos interesses e nos problemas dos seus interlocutores, e não em seus produtos ou serviços. As soluções devem ser posteriormente criadas com a equipe, os clientes e os parceiros com base no que você descobriu.

Se você quer aumentar muito sua capacidade de gerar valor, use a imaginação para formular perguntas inteligentes. Nunca pare de questionar, afinal de contas, de acordo com um velho provérbio chinês, "Aquele que pergunta é tolo por 5 minutos. Aquele que não pergunta será tolo para o resto da vida".

Atividades-chave de sucesso

Você saberia dizer, sem precisar pensar muito, quais são as três atividades em que sua área ou sua empresa precisa ser excepcionalmente boa para ter sucesso e gerar valor para seus clientes internos ou externos? Se você souber, parabéns! Você está entre as pouquíssimas pessoas que sabem. Essa é

uma das perguntas que adoro fazer para os líderes que ajudo, pois geralmente dá um nó na cabeça deles. Para os poucos que sabem, faço uma segunda pergunta: todos na sua área ou organização também sabem? Caso sim, há um consenso em relação a quais são elas? Encontrei muito poucas pessoas que disseram sim para essas perguntas.

Se você não respondeu "sim" a todas essas perguntas, é provável que esteja desperdiçando energia e recursos. Nenhuma empresa ou departamento pode ser excelente em tudo. Quem tenta ser bom em todas as áreas acaba sendo mediano em todas elas. É crucial identificar quais são as atividades que realmente fazem a diferença, aquelas que geram alto valor para os clientes, e concentrar esforços em ser brilhante nelas. Se você não tem clareza sobre quais são essas atividades, corre o risco de direcionar recursos para questões irrelevantes, comprometendo a excelência no que realmente importa. Sem essa atenção, corremos o perigo de nos viciar em irrelevâncias.

Tendemos a acreditar que podemos ser bons em tudo, mas somos mortais e, salvo raras exceções como Michelangelo, dificilmente nos destacamos em todas as áreas. O psicólogo sueco Anders Ericsson afirma que é necessário cerca de 10 mil horas de prática para se tornar expert em uma atividade — um conceito popularizado pelo escritor Malcolm Gladwell em seu livro *Fora de série*. O grande desafio é que não temos tantas "10 mil horas" disponíveis ao longo de uma vida, nem a disciplina necessária para direcioná-las a todas as coisas que fazemos. Por isso, é muito difícil sermos excepcionais em tudo.

O mesmo acontece com as organizações. É muito difícil uma empresa ser excepcionalmente boa em tudo o que ela faz. Como disse o escritor e pesquisador norte-americano Michael Porter, "a essência da estratégia é escolher o que não fazer". Você, como líder, precisa fazer essas escolhas. **QUERER SER BOM EM TUDO TE LEVARÁ A NÃO SER EXCEPCIONAL EM NADA.** Assim, reflita: em quais atividades sua área ou empresa precisa ser excepcionalmente boa para gerar muito valor para quem ela serve? Essas são suas "atividades-chave de sucesso".

Nos meus workshops, provoco as pessoas a falarem o que elas acham que são as atividades-chave de sucesso de algumas empresas famosas. Quando pergunto sobre algum grande banco, fatalmente alguém aponta que atendimento a clientes é uma das atividades importantes para seu sucesso.

Será mesmo?

A menos que você seja um cliente de grande porte ou sua empresa movimente muito dinheiro, é bem provável que o atendimento que você receba seja mediano. Um exemplo disso é minha própria empresa, que tem uma conta em um dos cinco maiores bancos do país. O atendimento sempre deixou a desejar: trocam o gerente a cada seis meses e eu preciso explicar repetidamente que não estou interessado nos produtos que eles têm meta para vender. Quando preciso de algo, a resposta até chega, mas demora. Ainda assim, mantenho a conta nesse banco porque eles se destacam em três áreas que valorizo: tecnologia, credibilidade e confiança. Isso mostra que é possível ter sucesso sendo apenas razoável em várias atividades, desde que você não seja desastroso. Se o banco me desrespeitasse ou simplesmente deixasse de me responder, certamente eu mudaria. Mas consigo conviver com um atendimento mediano quando, em troca, eles entregam aquilo que realmente importa para mim.

Empresas que sabem onde focalizar seus recursos se tornam mais competitivas

Vamos ilustrar esse ponto com duas empresas hipotéticas concorrentes. Quem você acha que se sairia melhor no mercado: a Empresa A, que é boa em tudo o que faz, ou a Empresa B, que é mediana em todas as áreas? Sem truques, em condições normais, você provavelmente pensou na Empresa A, certo? E está correto.

Agora, imagine que surge uma terceira concorrente, a Empresa C, que é mediana na maioria das áreas, mas é, de longe, a melhor nas três coisas que os clientes mais valorizam. Quem você acha que lideraria o mercado agora? Provavelmente a Empresa C. Isso porque os clientes tendem a escolher quem melhor atende às suas principais necessidades. Não importa se a Empresa A é excelente em contas a pagar, atendimento ao cliente, contabilidade etc. Se os clientes valorizam preço e rapidez na entrega, e a Empresa C é a melhor nesse aspecto, ela provavelmente venderá mais, mesmo sendo inferior em outras áreas.

Nesse caso, a logística é uma atividade-chave para o sucesso nesse mercado. A Empresa C pode ser inferior à A em vários aspectos, mas, quando se trata de logística, ela provavelmente conta com os melhores sistemas, tecnologia, equipe e estrutura, o que lhe permite ser mais eficiente na entrega.

Para definir quais são as atividades-chave da sua área ou empresa, antes é preciso descobrir o que seus clientes internos ou externos mais valorizam. No capítulo anterior, sugerimos que você descubra isso por meio de três perguntas. A partir daí, descubra quais são as atividades que têm maior impacto no que os clientes valorizam.

Algumas atividades-chave estão relacionadas diretamente ao cliente e outras não. Por exemplo, se uma empresa varejista tiver a internet como o seu principal canal de vendas, o marketing digital provavelmente será uma atividade-chave de sucesso, pois a empresa somente sobreviverá se conseguir atrair clientes para o site. Essa é uma atividade-chave ligada diretamente ao cliente. Se essa empresa atrai clientes que dão grande valor a preços baixos, a negociação será outra atividade-chave. Para poder oferecer preços competitivos, ela precisa ser muito boa achando fornecedores e negociando com eles. Essa é uma atividade-chave não ligada diretamente ao cliente.

Ao saber quais atividades ganham o jogo, a empresa precisa ter excelentes profissionais de marketing digital e de negociação. Boa parte dos investimentos devem ser direcionados para ter os melhores treinamentos e contratar os melhores sistemas de informação que ajudem seus marqueteiros e compradores. Não dá para economizar nessas duas áreas; é preciso ter o que há de melhor no mercado. Economize no que não for uma atividade-chave para poder investir no que ganha o jogo.

Ter toda uma organização sabendo quais são as atividades-chave de sucesso gera clareza e alinhamento sobre priorização e foco. Vamos exemplificar pegando a empresa "A", que não definiu quais são suas atividades-chave, e a "C", que sabe que logística é uma das atividades que ganham o jogo. Vamos supor que os diretores de tecnologia de ambas as empresas receberam 10 solicitações de novos projetos a serem desenvolvidos, entre eles um relacionado à logística. As áreas de TI não conseguem atender a todos os projetos ao mesmo tempo, assim, o diretor da empresa "A" talvez priorize por um critério político, ou atenda quem grita mais alto. Já o diretor da empresa "C" não precisa nem pensar: o projeto de logística será priorizado.

As atividades-chave de sucesso devem ser definidas para uma organização como um todo, assim como para cada área ou departamento. Provoquei a diretora da área jurídica de uma grande empresa de software brasileira a perguntar para seus clientes internos o que mais eles valorizavam. Ela descobriu que, de tudo o que sua área oferecia, o que mais gerava mais valor era o apoio que davam aos processos de fusão e aquisição e na redução de passivos. Sabendo disso, ela definiu em que atividades sua equipe precisava ser brilhante para poder oferecer os melhores serviços jurídicos ligados a esses dois temas. A área passou a dar muito mais atenção aos temas e a investir para melhorar as atividades relacionadas. Em pouco tempo a área jurídica passou a receber elogios recorrentes, aumentando a moral e o prestígio da diretora na empresa.

O ideal é que o processo de definição das atividades-chave seja coletivo, envolvendo todas as pessoas da área. No caso de uma empresa como um todo, é importante envolver o máximo de pessoas possível.

Ajudei uma rede de franquias de serviços odontológicos a definir suas atividades-chave de sucesso envolvendo mais de 60 pessoas. Quase todos os franqueados e colaboradores da franqueadora participaram. Isso tomou um dia inteiro de discussões muito ricas.

Para ter sucesso, uma clínica precisa entregar um serviço de qualidade e ser muito boa em conseguir que os clientes voltem e indiquem outros pacientes. Assim, três das atividades-chave de sucesso escolhidas foram: atendimento clínico de qualidade, indicação e fidelização. Uma vez definidas as atividades, as 60 pessoas envolvidas avaliaram qual era o nível de excelência da rede em cada uma dessas atividades. Concluiu-se que a rede era fraca tanto em indicação como em fidelização.

Antes desse exercício, a rede não dava a devida atenção a essas duas atividades e, como consequência, não tinha sistemas, processos, nem pessoas treinadas. A partir do momento em que todos se conscientizaram da importância dessas atividades, eles montaram comitês específicos para melhorar esses itens para a rede toda. Depois de alguns meses, investiram nas melhores ferramentas e sistemas de mercado, redesenharam os processos e treinaram as pessoas envolvidas. Com isso, a rede deu um salto em indicações e fidelização, o que naturalmente trouxe, em pouco tempo, um aumento expressivo nas receitas.

Faça um exercício simples. Pergunte para cinco pessoas diferentes da sua área quais atividades elas acreditam serem as que deveriam receber atenção máxima de todos, para gerar o máximo de valor para quem sua unidade serve. Garanto que você sairá com pelo menos umas 10 atividades diferentes. Dificilmente há consenso. Como ninguém nunca parou para pensar nisso, cada pessoa formulará sua própria hipótese. A falta de consciência coletiva do que é realmente importante fará com que você e sua equipe distribuam seu tempo, energia e investimento em muitas iniciativas diferentes, e, com isso, as que realmente importam não ganham a devida atenção. Atingir o máximo potencial de geração de valor da sua área ou empresa requer que, em primeiro lugar, as pessoas tenham consciência de quais são as atividades-chave de sucesso e, em segundo lugar, que elas passem a ganhar mais atenção e recursos.

Comece definindo com sua equipe quais são as atividades-chave de sucesso. O ideal é escolher no máximo cinco atividades, pois, como vimos, é difícil ser excepcionalmente bom em muitas delas. Depois de identificar essas atividades, faça uma avaliação coletiva de quão bem vocês estão desempenhando cada uma, utilizando uma escala de 1 a 5.

Tenho facilitado esse processo em várias empresas, e é comum as equipes darem avaliações mais positivas do que a realidade. Assim, não aceite notas boas, a menos que você realmente acredite nelas. Uma vez avaliadas, crie um plano de ação para melhorar uma ou duas atividades com notas mais baixas, promovendo uma evolução gradual. Por exemplo, se uma atividade recebeu nota 2, elabore com sua equipe um plano para elevá-la a 3 em seis meses, e depois a 4 em um ano e meio.

Evite a tentação de tentar melhorar todas as atividades ao mesmo tempo, a menos que sua equipe tenha tempo ocioso disponível, o que raramente é o caso. Melhorar tudo de uma vez requer muito tempo e recursos — geralmente escassos nas organizações. O mais importante é gerar uma sensação de progresso com pequenas vitórias para manter a equipe motivada e engajada no processo de melhoria contínua.

Avalie com sua equipe o estado atual dos processos, das tecnologias e das competências nas atividades que precisam de melhorias. Redesenhe os processos, invista em tecnologias adequadas e capacite seu time. Se alguma habilidade ou competência não puder ser desenvolvida internamente a curto prazo, considere a contratação de fornecedores especializados.

Ser excepcional no que realmente importa é a chave para que você e sua equipe alcancem o máximo potencial e gerem ainda mais resultados.

RESUMO DO CAPÍTULO

- Aqueles que geram grande valor na vida são os que direcionam seu tempo e recursos para oferecer o que realmente é mais importante ou necessário, seja para si mesmos, seja para os outros.
- Deixamos de gerar mais valor para os outros, pois não perguntamos a eles o que eles mais valorizam.

- Aprenda a fazer boas perguntas e a não mais querer adivinhar o que gera valor para os clientes internos e externos, acionistas, parceiros e colaboradores.
- É crucial identificar quais são as atividades que realmente fazem a diferença, aquelas que geram alto valor para os clientes, e concentrar esforços em ser brilhante nelas. Se você não tem clareza sobre quais são essas atividades, corre o risco de direcionar recursos para questões irrelevantes, comprometendo a excelência do que realmente importa.
- Ter toda uma organização sabendo quais são as atividades-chave de sucesso gera uma clareza e um alinhamento sobre priorização e foco.
- Comece definindo, com sua equipe, quais são as atividades-chave de sucesso.
- Ser excepcional no que realmente importa é a chave para que você e sua equipe alcancem o máximo potencial e gerem ainda mais resultados.

CAPÍTULO 7

Cultura 80/20

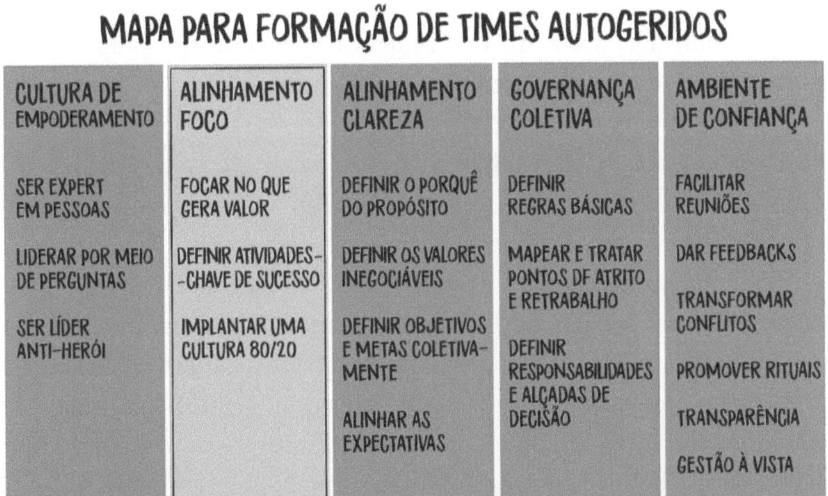

Foco no 80/20

Tive a oportunidade de auxiliar a área de marketing de uma das maiores redes de varejo de moda do Brasil a trabalhar de forma mais colaborativa. Com centenas de pessoas divididas em diversas unidades, como digital, CRM, design, propaganda e merchandising, o ritmo de trabalho era frenético. A equipe se esforçava para entregar mais de 200 campanhas por mês, mas isso resultava em frequentes falhas de comunicação entre as áreas. Retrabalhos eram comuns, e frequentemente um departamento reclamava que o outro não colaborava de forma adequada ou entregava resultados abaixo do esperado. No final, as campanhas eram concluídas, mas à custa de muito estresse e desgaste. O ritmo era tão intenso que não sobrava tempo nem sequer para medir o impacto de cada campanha.

Um dos principais problemas identificados era o volume excessivo de campanhas mensais. Como garantir a qualidade em 200 campanhas? Com tantas iniciativas simultâneas, era quase impossível seguir um planejamento adequado ou parar para refletir. Todos estavam correndo para atender às demandas comerciais, sem espaço para otimização.

Propusemos que a equipe fizesse uma análise 80/20 das campanhas. A unidade responsável por análises e estatísticas levantou os dados e descobriu que apenas 4% das campanhas eram responsáveis por 74% dos resultados. Em outras palavras, 8 das 200 campanhas geravam a maior parte da receita. Com base nisso, sugerimos a redução no número de campanhas para medir o impacto. Após muita discussão, o número foi reduzido para 80 campanhas e, para a surpresa deles, os resultados melhoraram.

Com menos campanhas, a equipe conseguiu dedicar mais atenção a cada uma, realizar análises detalhadas e medir os resultados com precisão. A diminuição no volume de campanhas também aliviou a carga de trabalho, permitindo que o time operasse de maneira mais inteligente e eficiente.

Esse movimento foi muito efetivo e ajudou muito a área de marketing a se organizar melhor. No entanto, foi muito difícil de ser implementado. Vários departamentos comerciais ficaram chateados por terem suas demandas adiadas e pressionaram muito para a volta das 200 campanhas. Fazer as análises e os testes 80/20 é algo fácil. O difícil mesmo é resistir às pressões para não deixar de fazer algo. Um de seus maiores desafios como líder será cortar para focar no que gera valor.

Como vimos no capítulo anterior, fazer perguntas provocativas e inteligentes é essencial para descobrir o que realmente importa para você e para os outros. No entanto, identificar o que é valioso é apenas a primeira — e mais fácil — parte do processo de geração de valor. O verdadeiro desafio está em conseguir direcionar tempo, recursos e energia para aquilo que realmente faz a diferença. Isso exige sacrifícios, pois, para ganhar em determinadas áreas, é preciso abrir mão de outras. Para ganhar, é preciso perder. Não há outra saída, e é justamente nesse ponto que a maioria das pessoas tropeça.

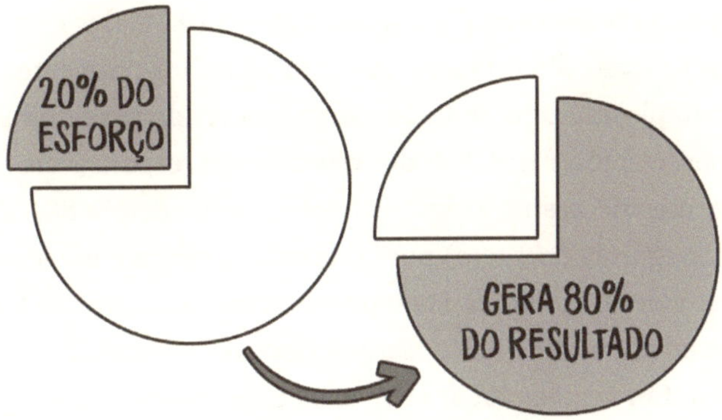

Temos grande dificuldade em abandonar atividades que geram pouco valor, e sempre encontramos inúmeras justificativas para mantê-las. Quantas vezes nos pegamos dizendo: "Isso é o que paga minhas contas!", "Se eu não fizer, quem fará?", "Não posso fugir da minha responsabilidade" ou "Isso também é importante." A lista de razões para não abrir mão de algo é interminável, mas, na prática, manter-se preso a tudo isso acaba prejudicando o foco no que realmente importa.

Não há milagres: só começamos a gerar mais valor quando aprendemos a renunciar. Precisamos aceitar que, para criar valor, é necessário abrir mão de certas coisas. William Ury, um dos maiores especialistas em negociação e mediação do mundo, afirma que, por trás de um "sim" importante, existem mil "nãos". Steve Jobs acreditava que o foco está em dizer "não", e o filósofo francês Émile-Auguste Chartier foi ainda mais longe, ao afirmar que "pensar é dizer não". Portanto, para gerar mais valor, é fundamental aprender a dizer "não" a várias coisas menos relevantes.

Para distinguir o que é importante do que é irrelevante, vale a pena entender bem o princípio de Pareto, que mostra que 20% do que fazemos é responsável por 80% dos resultados. Esse princípio é impressionantemente preciso e pode ser observado em quase tudo. Ele é uma excelente ferramenta para analisarmos onde concentrar nossos esforços e nossas ações.

Há pesquisas que mostram que 80% dos acidentes de trânsito são causados por 20% dos motoristas, que 80% da poluição tem origem em 20% das fábricas, que 20% dos esforços de marketing representam 80% dos resultados e que 20% dos colaboradores são responsáveis por 80% dos resultados.

Muitas vezes esse cálculo exige que consideremos uma categoria ou um perfil. Por exemplo, em uma rede de varejo que vende para milhares de pessoas, não é possível dizer que 20% dos clientes são responsáveis por 80% das vendas. Mas, mesmo assim, é possível aplicar o princípio 80/20. Divida os clientes em categorias (*clusters*) por faixa etária, renda e nível de educação. Feito isso, é só calcular o 80/20. Há uma chance enorme de que 80% das vendas sejam geradas por 20% dos possíveis tipos de clientes. Essa informação é valiosíssima. Em vez de alocar sua verba e mensagem de marketing para atrair todo tipo de cliente, a empresa poderá estudar a fundo para entender os comportamentos, as preferências e os gostos desses clientes específicos e fazer campanhas muito mais direcionadas.

Para você entender na prática como se beneficiar do princípio de Pareto, vamos analisar o caso da Roval, a maior rede de farmácias de manipulação do Nordeste. Grande parte das vendas da empresa é gerada por indicação, quando um médico prescreve um medicamento que precisa ser manipulado e indica um laboratório de confiança.

A equipe comercial da Roval se desdobrava para visitar presencialmente mais de 2 mil médicos de forma regular, gerando um volume enorme de despesas. Quando fizeram a análise 80/20, descobriram que 8% dos médicos eram responsáveis por 70% das indicações. Se qualquer um deles deixasse de recomendá-los, isso teria um grande impacto negativo nas vendas.

Sabendo disso, deixaram de visitar presencialmente os médicos que indicavam pouco, passando a contatá-los por e-mail, WhatsApp e outros meios menos custosos. Em contrapartida, aumentaram muito a frequência de visitas presenciais para os 50 médicos que mais prescreviam. Passaram a oferecer a eles um tratamento diferenciado para garantir sua fidelidade. Para abrir espaço na agenda e estar presente com os médicos que mais prescreviam, foi preciso visitar menos os que davam pouco resultado.

Esse movimento teve um impacto positivo nas receitas, gerou ganho de eficiência e uma enorme redução de custos. A empresa gastava muito dinheiro e energia visitando 2 mil médicos. A partir dessa descoberta, passaram a utilizar o 80/20 também na gestão das mais de 1.200 matérias-primas que usam em suas fórmulas. Eles passaram a manter em estoque apenas as mais utilizadas. Atualmente, a gestão da empresa tem um olhar 80/20 para quase tudo e, com isso, consegue ter mais foco e aumentar a eficiência da organização.

Desenvolva esse olhar e leve esse princípio para sua empresa ou área. Provoque sua equipe perguntando qual é o 80/20 de tudo o que está sendo discutido. Porém, isso não terá a menor valia se você não tiver a coragem de cortar o que é menos importante e aprender a dizer não.

Caso tenha dificuldade em dizer "não", recomendo o livro *O poder do não positivo*, de William Ury. O autor sugere que o "não" deve ser como o recheio de um sanduíche, envolvido por dois "sins". Em vez de negar algo de imediato, a ideia é iniciar o processo com um "sim" para si mesmo, reconhecendo seus interesses e o que realmente gera valor. Comece refletindo sobre por que você deseja dizer "não". Quais são seus interesses e suas necessidades? Esse "sim" interno é o primeiro passo para garantir que suas prioridades estejam claras. Depois, ao se sentir seguro, expresse seus interesses para a outra pessoa e explique o motivo. Em seguida, diga o "não" de maneira educada à solicitação recebida. Finalize com outro "sim", oferecendo uma alternativa que ainda atenda, de alguma forma, à necessidade da pessoa.

Vamos a um exemplo para ilustrar: imagine que você identificou que realizar reuniões *one-on-one* com seus 10 liderados gera grande valor para sua equipe. No entanto, você é frequentemente convocado para reuniões que consomem o tempo que deveria ser dedicado a essas conversas individuais. Um dia, seu chefe convida você para uma reunião que, na sua avaliação, não é prioritária.

Antes de responder, trabalhe no "sim" que precisa dar a si mesmo. Liste os motivos pelos quais as reuniões *one-on-one* são essenciais, o impacto positivo que elas têm para sua equipe e o que pode acontecer se você não tiver tempo para essas interações. Considere também o que isso significa para a empresa e seu chefe. Com essa clareza, explique de forma estruturada ao seu chefe por que é importante que você tenha tempo para essas reuniões individuais, detalhando os benefícios para a equipe, para a empresa e até para ele. Então, diga "não" à participação na reunião de forma educada. Finalize com um "sim", sugerindo, por exemplo, que você poderá ler a ata posteriormente e contribuir com seus insights.

Para gerar mais valor, primeiro é crucial descobrir o que é realmente importante para você e para os outros. Depois, será necessário aprender a dizer muitos "nãos". Afinal, quem não sabe o que quer é sempre dominado por quem sabe.

O escritor e jornalista Albert Camus sabiamente disse: "O que é um rebelde? Um homem que sabe dizer não". Precisamos quebrar padrões de comportamento e mudar alguns hábitos, senão continuaremos a ser viciados em irrelevâncias. Temos de aprender a ser rebeldes com causa para termos uma vida plena, afinal, como disse Albert Einstein, "toda vez que você diz sim, querendo dizer não, morre um pedacinho de você".

Matriz de valor

A matriz de valor, desenvolvida pela Opera Education, é uma ferramenta simples, mas muito poderosa. Você pode utilizá-la para sua vida tanto pessoal como profissional.

Distribua suas atividades diárias nos quatro quadrantes da matriz de valor. As atividades que consomem muito do seu tempo, mas geram pouco valor, devem ser colocadas no quadrante 4. As que geram muito valor, mas nas quais você investe pouco tempo, devem ser inseridas no quadrante 1. Atividades em que você investe tempo de maneira adequada e que geram alto valor devem ficar no quadrante 2. Por fim, as que consomem pouco tempo e geram pouco valor devem ser alocadas no quadrante 3.

Após distribuir as atividades, analise quais ajustes são necessários para aumentar sua geração de valor. Lembre-se de que esse processo envolve escolhas: será preciso abrir mão de atividades que não geram valor para dedicar mais tempo e recursos às que geram um impacto significativo. O principal ajuste a ser feito é reduzir o tempo gasto nas atividades do quadrante 4 (aquelas que consomem muito tempo e geram pouco valor) para liberar mais tempo para as do quadrante 1 (atividades de alto valor que estão subpriorizadas).

Não é preciso ser radical e transformar tudo de uma vez. Pequenos ajustes podem gerar grandes resultados. Se você conseguir liberar, por exemplo, 5 horas em uma semana para redirecioná-las às atividades do quadrante 1, já poderá perceber um impacto positivo significativo em sua produtividade e na geração de valor.

Experimente deixar de fazer algumas atividades do quadrante 4 por algumas semanas e observe o que acontece. Se ninguém sentir falta ou reclamar, você já identificou uma tarefa que pode ser eliminada. Para as atividades que você não pode simplesmente abandonar, considere opções como delegá-las, terceirizá-las, contratar alguém para assumi-las ou reduzir a frequência com que são realizadas.

Como líder, você pode utilizar essa matriz de valor com sua equipe para ajudá-los a focar no que realmente gera impacto. Comecem identificando o que traz valor para os clientes finais e, de forma coletiva, atribuam uma pontuação para cada atividade que a equipe realiza, avaliando o quanto cada uma contribui para gerar esse valor. Em seguida, cada membro pode preencher sua própria matriz, com base nas horas que dedicam a cada atividade.

Essas matrizes individuais são uma ferramenta valiosa para suas reuniões *one-on-one* com cada liderado. Durante esses encontros, vocês podem analisar as matrizes juntos e definir planos de ação para que cada pessoa invista mais tempo nas atividades que realmente geram valor para a área ou para os clientes.

Além disso, é possível criar uma matriz consolidada para toda a área ou o departamento. Some as horas que a equipe como um todo dedica a cada atividade e posicione-as na matriz para obter uma visão ampla e coletiva. Isso permitirá visualizar quanto tempo está sendo investido nas atividades que mais importam para os clientes, proporcionando uma base sólida para decisões estratégicas e ajustes necessários.

Eu uso a matriz de valor regularmente para garantir que estou dedicando o tempo necessário para maximizar o valor, seja para meus clientes, seja para minha família ou para mim mesmo. Um exemplo claro foi o processo de escrever este livro. Sempre soube que ele seria algo de grande valor para mim, mas demorei seis meses para começar. Sempre havia algo que parecia mais urgente, como novos projetos com clientes, cursos que precisava desenvolver ou cuidar das finanças da empresa. O livro estava claramente no quadrante 1 — algo de grande valor, mas ao qual eu não estava dedicando tempo algum.

No início de 2024, decidi refazer a matriz de valor e tomei a decisão de mover o projeto para o quadrante 2, ou seja, dedicar um tempo significativo a ele. Para isso, precisei cortar atividades que estavam no quadrante 4, aquelas que consumiam muito tempo, mas traziam pouco ou nenhum valor. Deixei de lado o hábito de ouvir noticiários e diminuí a quantidade de tempo nas redes sociais e assistindo a vídeos. Estabeleci uma meta de escrever por pelo menos meia hora todos os dias e, de forma rigorosa, não deixar passar dois dias consecutivos sem escrever. Esse compromisso diário é baseado em uma teoria que diz que, para transformar uma atividade em hábito, nunca se deve ficar dois dias seguidos sem praticá-la, pois isso leva à inércia.

Tenho aplicado a matriz de valor com vários clientes, e ela sempre traz grandes *insights*. Quando usada em grupos com atividades semelhantes, o valor da ferramenta se multiplica. As pessoas podem se comparar, e, para o líder, a matriz oferece uma visão abrangente dos pontos em que sua equipe está desperdiçando tempo e recursos, e o que está sendo negligenciado que poderia gerar mais valor. No entanto, a matriz, por si só, não resolve os problemas. O maior desafio para você, como líder, será lidar com os "vilões do tempo" — aquelas atividades que consomem muito e geram pouco valor. Lembre-se de que as 24 horas do dia são a única variável fixa que você tem. Se não houver coragem para eliminar ou reduzir o tempo dedicado a atividades de baixo valor, a matriz de valor perderá sua eficácia e terá pouca utilidade.

RESUMO DO CAPÍTULO

- Para distinguir o que é importante do que é irrelevante, vale a pena entender bem o princípio de Pareto, que mostra que 20% do que fazemos é responsável por 80% dos resultados.
- Provoque sua equipe perguntando qual é o 80/20 de tudo o que está sendo discutido. Porém, isso não terá a menor valia se você não tiver a coragem de cortar o que é menos importante e aprender a dizer não.
- Use a matriz de valor para sair do piloto automático.

CAPÍTULO 8

Alinhamento de direção – De mercenários a missionários

MAPA PARA FORMAÇÃO DE TIMES AUTOGERIDOS

CULTURA DE EMPODERAMENTO	ALINHAMENTO FOCO	ALINHAMENTO CLAREZA	GOVERNANÇA COLETIVA	AMBIENTE DE CONFIANÇA
SER EXPERT EM PESSOAS	FOCAR NO QUE GERA VALOR	DEFINIR O PORQUÊ DO PROPÓSITO	DEFINIR REGRAS BÁSICAS	FACILITAR REUNIÕES
LIDERAR POR MEIO DE PERGUNTAS	DEFINIR ATIVIDADES--CHAVE DE SUCESSO	DEFINIR OS VALORES INEGOCIÁVEIS	MAPEAR E TRATAR PONTOS DF ATRITO E RETRABALHO	DAR FEEDBACKS
SER LÍDER ANTI-HERÓI	IMPLANTAR UMA CULTURA 80/20	DEFINIR OBJETIVOS E METAS COLETIVA-MENTE	DEFINIR RESPONSABILIDADES E ALÇADAS DE DECISÃO	TRANSFORMAR CONFLITOS
		ALINHAR AS EXPECTATIVAS		PROMOVER RITUAIS
				TRANSPARÊNCIA
				GESTÃO À VISTA
1	2	3	4	5

Uma vez identificado o que gera valor para seus clientes e o que sua equipe precisa focar para ser excepcionalmente boa em entregar esse valor, é essencial proporcionar clareza sobre o destino a ser alcançado e o caminho a ser trilhado.

Imagine que você é o motorista do "ônibus" de sua área ou empresa. Sua responsabilidade é definir qual destino estará na placa e apontar a direção que a "bússola" da equipe deve seguir. Com base nessa direção, você precisa garantir que, dentro do ônibus, estejam apenas as pessoas comprometidas e engajadas em seguir para esse destino. No entanto, nem todos que desejam ir nessa direção são necessariamente bem-vindos. Existem comportamentos intoleráveis, e é crucial definir quem você não quer em sua equipe, mesmo que a pessoa tenha as qualificações técnicas necessárias e queira chegar ao mesmo destino.

Não basta apenas indicar o destino no letreiro do ônibus e garantir que as pessoas certas estejam a bordo. É igualmente importante escolher as rotas para chegar lá e deixar claro o que se espera de cada integrante ao longo dessa jornada.

Essas escolhas — definir a direção, os comportamentos esperados e as expectativas individuais — formam o que chamo de "alinhamento de direção, comportamento e expectativa". Para criar um time autogerido e de alta performance, é fundamental que todos saibam em que direção devem caminhar, quais comportamentos são desejados e quais são inaceitáveis, qual o caminho traçado para o destino e o papel de cada um nessa jornada.

Neste capítulo, você aprenderá como realizar esses alinhamentos de forma eficaz.

De mercenários a missionários

SEM SIGNIFICADO, O TRABALHO É DOBRADO.

Sempre me espanto quando releio a pesquisa do Gallup que mostra que apenas 20% dos funcionários em todo o mundo estão engajados no trabalho. Isso quer dizer que 80% das pessoas estão pendurando suas almas na porta de entrada da empresa e as resgatando apenas na hora de irem embora. As pessoas perderam o significado e o propósito de seus trabalhos e os veem como um mero emprego, e muitos outros, como uma tortura necessária.

As pessoas estão cada vez mais sobrecarregadas para cumprir suas obrigações nas empresas. As demandas aumentam constantemente, à medida que os mercados se tornam mais competitivos e o mundo muda freneticamente. Isso força as empresas a passarem por transformações contínuas, levando à "ditadura do fazer mais com menos". Muitas organizações, na luta pela sobrevivência, reduziram seu propósito ao simples cumprimento de orçamentos e metas de vendas.

Com isso, as demandas sobre os funcionários se tornaram tão intensas que eles perderam o sentido de suas atividades, transformando-se em meros executores de tarefas e metas. Não há mais tempo nem incentivo para refletir sobre o que realmente gera valor, ou para definir quais atividades são prioritárias. A pressão é tamanha que as pessoas pararam de questionar o porquê das coisas. Muitas tarefas perderam o sentido e poderiam ser redesenhadas ou eliminadas, mas, como ninguém mais questiona, elas continuam sendo realizadas, gerando frustração.

Quando não entendemos o contexto do que fazemos, começamos a atuar de forma mecânica. Até atividades que antes eram prazerosas podem se tornar tediosas quando se transformam em meras obrigações. Trabalhar muito, por si só, não gera estresse; o que o causa é uma rotina exaustiva de atividades sem propósito claro, sem enxergar o impacto positivo do nosso trabalho. O verdadeiro estresse vem de participar de reuniões intermináveis e improdutivas, em que os participantes nem sabem qual é o objetivo final. Essa falta de clareza, combinada com a ausência de governança, torna as reuniões não apenas cansativas, mas também mentalmente desgastantes.

Ter um propósito ou "porquê" bem definido, disseminado e seguido é crucial para organizações que buscam agilidade. Em um cenário de mudanças constantes nos mercados, a adaptação rápida requer uma estrutura mais enxuta, com menos controle, burocracia e hierarquia. Isso significa empoderar os colaboradores e conceder-lhes mais autonomia. No entanto, para que essa autonomia não se transforme em desordem, é necessário haver forte alinhamento e governança. O propósito desempenha papel fundamental nesse alinhamento, pois orienta as pessoas sobre a direção a seguir. Uma vez definido o destino, as equipes podem escolher os melhores caminhos para alcançá-lo.

As empresas precisam estar preparadas para lidar com o imprevisível. Cada vez mais, será inútil criar planejamentos detalhados de longo prazo que considerem todas as variáveis possíveis. O que realmente importa é ter um norte claro e inspirador, aliado à agilidade para descobrir as rotas mais favoráveis ao longo da jornada. O propósito ou uma causa maior ajuda todos a entenderem qual direção seguir e por que é importante chegar lá. Não é necessário que todos saibam o caminho exato, pois ele mudará ao longo do percurso.

Por exemplo, podemos decidir que o objetivo é chegar ao Polo Norte partindo do Polo Sul. Existem muitas rotas possíveis: podemos começar pela América do Sul, pela África ou até pela Nova Zelândia, subindo em direção ao norte. No entanto, as condições podem mudar, e o caminho mais viável hoje pode não ser o mais adequado amanhã. Pode ser que surja um conflito na América Central, nos forçando a mudar de rota e atravessar o Atlântico pela Europa. O fundamental é que todos saibam qual é o destino, para que possam caminhar com autonomia e se adaptar às mudanças no caminho.

Um dos papéis mais importantes de um líder é dar significado para o trabalho dos seus liderados. Ele deve colocar na prática o famoso ensinamento de Antoine de Saint-Exupéry: “Se você quer construir um navio, não chame as pessoas para juntar madeira ou atribua-lhes tarefas e trabalho, mas sim ensine-os a desejar a infinita imensidão do oceano”. Um líder sempre deve deixar claro para sua equipe qual é a importância e o impacto positivo de cada atividade realizada, por mais braçais e básicas que elas forem.

O bom líder faz as pessoas de seu time sentirem que são parte de uma missão. Um bom começo para isso é construir coletivamente com a equipe o “porquê”, o “como” e o “o que” de sua unidade.

PROPÓSITO: O NORTE QUE GUIA A AGILIDADE E A AUTONOMIA NAS ORGANIZAÇÕES

Você entraria em um ônibus sem saber para onde ele está indo? Provavelmente não, certo? Então por que as pessoas da sua equipe, e até você mesmo, ingressaram em sua organização? Se não foi pela vontade de seguir o rumo indicado pela "placa" da empresa, é provável que a motivação tenha sido o salário, a busca por uma experiência específica, um *upgrade* no currículo ou simplesmente a falta de outras oportunidades melhores. Se o motivo não foi o desejo de ir na mesma direção que a empresa ou de contribuir para o impacto positivo que ela gera no mundo, o entusiasmo de quem entra provavelmente não dura muito.

Embora nem todos os colaboradores sejam assim, alguns entram em uma empresa sem um senso de direção claro e podem ser comparados a "mercenários", prontos para mudar de lugar ao menor sinal de uma oferta financeira ou de benefícios mais atraentes. Alguns podem se sentir ofendidos pelo termo, mas, segundo o dicionário, um mercenário é alguém que "age ou trabalha apenas por interesse financeiro ou vantagens materiais". Esse conceito foi popularizado por Jeff Bezos, fundador da Amazon, que prefere adquirir empresas com fundadores "missionários" — aqueles que amam seus clientes ou o que a empresa oferece —, pois eles têm maior probabilidade de sucesso em comparação aos "mercenários", que estão focados apenas em ganhar dinheiro.

A verdade é que nem toda organização tem um propósito claro ou um impacto inspirador no mundo. Na maioria das vezes, o propósito é a maximização do lucro para os acionistas, o que geralmente só motiva os próprios acionistas e a alta direção, muitas vezes bonificada pelos resultados financeiros.

Vários estudos e pesquisas mostram que a motivação e o engajamento são maiores em empresas com um propósito inspirador. Por isso, vale a pena dedicar tempo e esforços coletivos para construir um propósito que não apenas motive, mas que também esteja alinhado com as aspirações dos fundadores. Pessoas que trabalham por um ideal maior se transformam em missionárias. Não é à toa que muitas organizações não governamentais conseguem atrair voluntários que, em alguns casos, praticamente pagam para trabalhar.

Ter um propósito definido é crucial para uma organização, mas faz sentido ter um propósito para um departamento ou uma área específica? A resposta é sim. Um propósito pode trazer mais clareza para a equipe sobre o rumo que a área deve seguir. Embora o propósito seja sempre útil, ele não é essencial para garantir alinhamento. O que realmente importa é definir o porquê da existência da unidade ou do departamento. Enquanto o propósito é aspiracional e emotivo, o porquê é mais objetivo e racional. Ele oferece clareza sobre o motivo de a área existir e qual sua função dentro da organização.

Aqui vai um experimento: pergunte aos membros da sua equipe por que a área existe. Você provavelmente ouvirá várias respostas diferentes. Sem um entendimento comum, você, como líder, terá de gastar muito tempo explicando o que precisa ser feito.

Veja como a definição do porquê trouxe alinhamento para a área de catálogos digitais da Riachuelo. Essa equipe é responsável por digitalizar todos os produtos vendidos pela empresa. Quando uma peça chega, ela é fotografada e suas características são catalogadas para aparecer no e-commerce. A equipe contava com fotógrafos, produtores e outros profissionais técnicos. A gerente da área enfrentava dificuldades para liderar os fotógrafos, que tinham ambições artísticas e tentavam expressá-las no trabalho. No entanto, o volume de produtos era tão grande que não havia tempo para transformar cada peça em uma obra de arte. O foco precisava ser a qualidade técnica e a padronização para aumentar a produtividade. Isso gerava frustração nos fotógrafos, o que dificultava a liderança da gerente.

Foi então que decidimos definir o porquê da área, com a participação voluntária de metade da equipe. O processo foi extremamente valioso, pois revelou as diferentes interpretações que cada pessoa tinha sobre o papel e os objetivos da área, em termos tanto de contribuição para a empresa quanto de impacto nos clientes. Além de alinhar expectativas, o processo permitiu ao líder conhecer melhor sua equipe e entender como cada um percebia o trabalho.

Ao final, o porquê da área foi definido coletivamente como: "Digitalizar os produtos de forma ágil e com excelência, gerando conversão e fidelidade". Alguns fotógrafos, ao se depararem com essa nova definição, decidiram se desligar. Isso foi negativo? De forma alguma; foi positivo. Ao perceberem que o foco da área era mais uma linha de produção do que um estúdio artístico, optaram por seguir seus sonhos em outros lugares. A definição clara do porquê trouxe um entendimento comum, eliminou frustrações e alinhou as expectativas de todos, permitindo que a equipe trabalhasse de forma mais eficiente e direcionada.

A gerente da área passou a apresentar o porquê da área aos candidatos logo no processo seletivo, usando-o como um filtro para eliminar aqueles que não se interessassem em trabalhar em uma linha de produção. Com isso, passou a contar com fotógrafos que realmente apreciavam o tipo de trabalho menos artístico, tornando a gestão muito mais simples. Colaboradores frustrados, desmotivados ou sem clareza em relação ao porquê da área exigem muito tempo e energia do líder. Ao alinhar o porquê da equipe desde o início, ela conseguiu formar um time mais satisfeito e engajado com a natureza do trabalho, reduzindo significativamente o tempo que antes dedicava a resolver conflitos, vaidades e questões de ego.

Como decidir entre definir um propósito ou um porquê para minha área?

No livro *Comece pelo porquê*, o autor Simon Sinek destaca a importância de uma empresa ou um departamento definir claramente o porquê de sua existência e como as pessoas devem trabalhar. Embora seja fácil descrever o que uma empresa ou uma unidade entrega, poucos conseguem articular o verdadeiro propósito e a forma de atuação. Se perguntarmos a dez pessoas qual é o porquê de sua unidade, provavelmente ouviremos dez respostas diferentes.

Definir o propósito dá significado ao trabalho das pessoas, pois ele conecta com o lado emocional da equipe. Um propósito claro e forte inspira as pessoas a persistirem, mesmo diante dos desafios. Segundo Sinek, o que realmente inspira as pessoas não é o que fazemos, mas por que fazemos. Uma pergunta poderosa para qualquer unidade ou departamento é: "O que o mundo ou a empresa ganha com a existência da nossa equipe? Quais são as contribuições e os impactos positivos que geramos?".

Com um propósito bem definido, as equipes encontram um motivo maior para suas ações, o que fortalece a resiliência e o engajamento mesmo nos momentos mais difíceis.

A definição do porquê é essencial para trazer alinhamento à sua equipe, e recomendo que seja feita de forma coletiva, envolvendo toda a área ou unidade. Já a criação de um propósito depende do contexto. Nem toda unidade ou departamento gera um impacto positivo direto na sociedade ou no mundo que inspire quem trabalha ali.

Pense, por exemplo, na tesouraria de uma empresa. Sua função é planejar e gerenciar as finanças, maximizar investimentos e garantir um fluxo de caixa positivo. Podemos até argumentar que, se ela tiver sucesso, a empresa será mais sustentável e poderá cumprir seu papel no mercado. No entanto, para muitos, isso pode não ser algo inspirador a ponto de motivar todos os dias. Nesses casos, não é necessário investir tempo na criação de um propósito inspirador. No entanto, ter um porquê claro e definido coletivamente sempre ajudará a proporcionar mais alinhamento e foco para a equipe.

Por outro lado, em algumas áreas, faz sentido investir na criação de um propósito. Ajudei a área de agências do Sebrae, em João Pessoa, a definir o propósito de sua unidade. As agências são responsáveis por atender empresas que buscam apoio do Sebrae e, nesse caso, o impacto positivo da área é direto para os clientes. Após vários encontros com a equipe, definimos coletivamente o propósito da área como: "Transformar ideias em negócios sustentáveis". Esse propósito não apenas dá um norte claro para a unidade, mas também oferece uma nova dimensão para o trabalho dos colaboradores. Para muitos da equipe, ele se tornou uma fonte de motivação, ajudando-os a enfrentar os desafios diários com mais leveza e satisfação. Além disso, um propósito bem definido contribui para atrair novos talentos que se identificam com esse ideal e querem fazer parte de algo maior.

Resumindo, enquanto um porquê sempre será útil para o alinhamento, a definição de um propósito deve ser considerada quando há um impacto positivo claro e inspirador que possa motivar a equipe e criar uma conexão mais profunda com o trabalho.

Outro exemplo em que o propósito ajudou muito a líder a dar mais alinhamento para sua equipe foi na empresa de arquitetura SN2. Ela é uma empresa pequena que gerencia projetos de construção de grandes empreendimentos. Uma grande obra envolve projetistas, engenheiros, arquitetos, construtoras, área de orçamento, fornecedores etc. A SN2 é contratada para fazer com que todos esses profissionais trabalhem bem juntos e tenham as informações necessárias. Eu provoquei a Sheila, líder da empresa, sobre a importância do propósito e ajudei a equipe a defini-lo coletivamente. Depois de alguns encontros, ela e sua equipe chegaram ao propósito da empresa: "Harmonizar relações, gerar confiança e construir melhor". Ele virou um guia para ajudar as pessoas a agir no dia a dia. É comum os arquitetos da empresa receberem e-mails bem mal-educados. Antes, alguns deles entravam na pilha e respondiam à altura. Hoje, sabendo que o propósito é harmonizar relações, eles tomam cuidado para não serem reativos e aprenderam a responder de maneira profissional e focar o problema, não as pessoas.

Antes do propósito, os treinamentos que a equipe da SN2 fazia eram sempre técnicos. A partir da definição do propósito, toda a equipe também passou a ser treinada na aprimoração comportamental. Todos receberam um livro sobre comunicação não violenta e foram incentivados a fazer um curso sobre o tema. Segundo a Sheila, o propósito ajudou a uniformizar a equipe e a gerar uma cultura alinhada ao que ela acredita.

Em resumo, definir o porquê de uma área ou unidade sempre vale a pena. Já o propósito nem sempre. O porquê é mais mental, já o propósito é mais emocional. Na técnica que eu recomendo usar, a definição do porquê é uma das etapas para chegar ao propósito. Ou seja, para ter o propósito, primeiro você define o porquê. Assim, analise o porquê e veja se ele tem potencial para virar algo emocional e inspiracional. Se não tiver, não force a barra tentando criar algo sem autenticidade.

O porquê já é suficiente para dar clareza e alinhamento à sua equipe, além de começar a afastar os colaboradores "mercenários". Com bem disse Noelle Stevenson: "Não posso trabalhar com mercenários. É impossível construir confiança quando eles só se preocupam com seus pagamentos".

Se não for possível definir um propósito inspirador específico para sua área, você pode adotar uma abordagem semelhante à implementada pela Best Buy entre 2012 e 2019. Durante esse período, diversos gerentes de loja incentivaram a criação de murais em que os colaboradores compartilhavam seus sonhos pessoais. Regularmente, o gerente se reunia com cada membro da equipe para conectar os objetivos da loja aos objetivos individuais. Por exemplo, para um colaborador que desejava comprar uma casa, era estabelecido o quanto ele precisaria vender no ano para que as comissões fossem suficientes para cobrir as parcelas do imóvel. Lembre-se de que sonhos são como plantas: precisam ser regados regularmente, senão morrem. Essas práticas ajudaram a engajar os colaboradores, dando-lhes uma missão alinhada aos seus interesses pessoais e os motivando a alcançar suas metas.

RESUMO DO CAPÍTULO

- Para criar um time autogerido e de alta performance, é fundamental haver alinhamento de direção, comportamento e expectativa.
- O propósito desempenha papel fundamental nesse alinhamento, pois orienta as pessoas sobre a direção a seguir. Uma vez definido o destino, as equipes podem escolher os melhores caminhos para alcançá-lo.
- Um dos papéis mais importantes de um líder é dar significado para o trabalho dos seus liderados. O bom líder faz as pessoas de seu time sentirem que são parte de uma missão.

- Nem sempre é possível criar um propósito inspirador para uma área ou um departamento de uma organização. Mas é fundamental definir o porquê da existência da unidade ou do departamento.
- O porquê sempre será útil para o alinhamento de uma área. Já a definição de um propósito deve ser considerada quando há um impacto positivo claro e inspirador que possa motivar a equipe e criar uma conexão mais profunda com o trabalho.

Da Cidade do Cabo a Helsinque em menos tempo

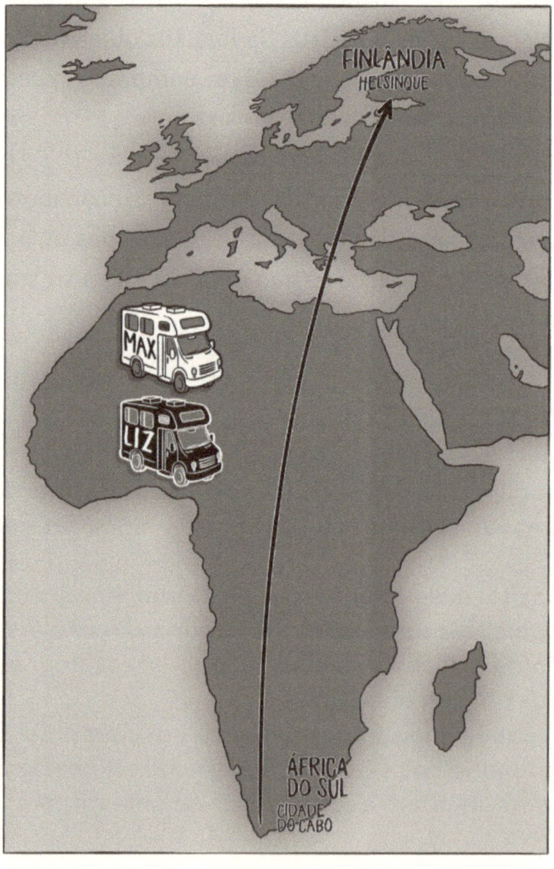

Duas semanas antes da largada, Max convocou sua equipe para um *briefing* intensivo. Apresentou suas expectativas, detalhou os planos e listou os riscos a serem evitados, demonstrando sua vasta experiência em viagens. Com um tom persuasivo, expôs as supostas fraquezas de Liz, reforçando a crença de que sua equipe era superior. O conhecimento de Max impressionou a todos, que se mostraram ansiosos para iniciar a jornada.

No segundo encontro da equipe de Liz, a proposta surpreendeu a todos: definir o propósito da viagem em conjunto. A reação inicial foi de incredulidade. Afinal, a meta era clara: chegar a Helsinque antes de Max. Liz, no entanto, explicou que o propósito deveria ser algo inspirador, capaz de motivar a equipe nos momentos de dificuldade e elevar o moral durante a jornada. A discussão se estendeu por quatro horas, com Liz incentivando cada membro a compartilhar seus sonhos e objetivos pessoais.

O grupo definiu o seguinte propósito: "Atravessar os continentes africano e europeu de ônibus até Helsinque, transformando cada quilômetro em uma oportunidade de aprendizado, conexão e troca de experiências. Levar alegria e deixar um impacto positivo em cada comunidade, inspirando as pessoas a verem o mundo como um lugar de diversidade, esperança e união".

A empolgação tomou conta de todos. Liz, buscando uma frase concisa para inspirar a equipe, estimulou a criatividade do grupo. Após horas de *brainstorming*, o propósito foi sintetizado em: "Conectando mundos e aprendizados, de Cabo a Helsinque". "Essa será a nossa placa no ônibus!", exclamou Liz, com um sorriso radiante.

Enquanto isso, Max, confiante em sua equipe de especialistas, elaborou um manual detalhado com as funções de cada membro e as estratégias para mitigar os riscos. Mapas, documentos exigidos, vacinas e outras informações relevantes foram compilados em um guia completo. Max, com sua experiência como executivo, acreditava no poder de um manual bem elaborado para alinhar e engajar a equipe.

Liz, por sua vez, preparou-se para o terceiro encontro estudando roteiros, mapas e informações sobre os países a serem percorridos. Após um breve *check-in* para avaliar o estado de espírito de todos, ela apresentou suas descobertas e propôs uma dinâmica para definir os pontos fortes da equipe e os principais riscos da viagem. Com sua habilidade em conduzir reuniões, Liz sabia que a qualidade da discussão dependia da qualidade das perguntas. Após um debate construtivo, o grupo definiu as seguintes perguntas:

- Quais os cinco principais fatores ou riscos que podem afetar negativamente o tempo da viagem?
- Em que devemos ser brilhantes para cumprir o propósito e a meta almejada?

Após cinco minutos de reflexão individual, cada membro compartilhou suas respostas. Os riscos identificados foram:

- Problemas mecânicos.
- Acidentes.
- Doenças.
- Problemas nas fronteiras.
- Assaltos ou sequestros.
- Brigas e desentendimentos.
- Bloqueios nas estradas.

As áreas em que a equipe deveria se destacar (atividades-chave de sucesso) foram definidas como:

- Traçar rotas e planejamento de itinerário.
- Gestão de suprimentos e logística.
- Manutenção e gerenciamento do *motorhome*.
- Cultura e integração social.
- Documentação e legalidades.
- Gestão de conflitos e clima de grupo.

Em uma decisão unânime, o grupo definiu que o quinto membro da equipe deveria ser um especialista em cultura africana, apaixonado por ensinar e escrever. Essa pessoa auxiliaria na disseminação do conhecimento e na comunicação com as comunidades locais.

Liz divulgou a vaga e o propósito da viagem, atraindo diversos candidatos. Após entrevistar mais de 15 pessoas, selecionou três finalistas e convidou sua equipe para participar da decisão final. A escolha recaiu sobre Christie, uma historiadora com doutorado em História Africana, fluente em diversos idiomas e com uma paixão por compartilhar seu conhecimento.

Christie, ao ser informada de sua seleção, expressou sua alegria e entusiasmo, afirmando que o propósito da viagem se alinhava perfeitamente com seu propósito de vida.

CAPÍTULO 9

Alinhamento de direção – Valores inegociáveis

MAPA PARA FORMAÇÃO DE TIMES AUTOGERIDOS

CULTURA DE EMPODERAMENTO	ALINHAMENTO FOCO	ALINHAMENTO CLAREZA	GOVERNANÇA COLETIVA	AMBIENTE DE CONFIANÇA
SER EXPERT EM PESSOAS LIDERAR POR MEIO DE PERGUNTAS SER LÍDER ANTI-HERÓI	FOCAR NO QUE GERA VALOR DEFINIR ATIVIDADES--CHAVE DE SUCESSO IMPLANTAR UMA CULTURA 80/20	DEFINIR O PORQUÊ DO PROPÓSITO DEFINIR OS VALORES INEGOCIÁVEIS DEFINIR OBJETIVOS E METAS COLETIVAMENTE ALINHAR AS EXPECTATIVAS	DEFINIR REGRAS BÁSICAS MAPEAR E TRATAR PONTOS DF ATRITO E RETRABALHO DEFINIR RESPONSABILIDADES E ALÇADAS DE DECISÃO	FACILITAR REUNIÕES DAR FEEDBACKS TRANSFORMAR CONFLITOS PROMOVER RITUAIS TRANSPARÊNCIA GESTÃO À VISTA
1	2	3	4	5

Os valores da sua empresa são desejáveis ou inegociáveis?

A Performa é uma empresa de vendas porta a porta que oferece serviços financeiros e gestão de carteira. Um dos cargos mais importantes é o de vendedor, responsável por visitar diversos estabelecimentos comerciais diariamente para oferecer os serviços da empresa. No processo de seleção para essa função, os candidatos são solicitados a entrevistar pessoalmente 10 varejistas e apresentar os resultados.

Um dos candidatos se destacou desde o início. Ele vinha muito bem recomendado e tinha vasta experiência na área. Na primeira entrevista, foi solicitado que realizasse as 10 entrevistas nas ruas, e ele surpreendeu a todos ao voltar rapidamente com 20 entrevistas bem detalhadas. O entrevistador, impressionado, perguntou como ele havia conseguido tantas respostas em tão pouco tempo.

O candidato explicou que, no início, seguiu exatamente o *script* que lhe foi dado, mas percebeu que as pessoas não estavam dispostas a colaborar. Então, decidiu mudar de estratégia e passou a dizer que estava fazendo uma pesquisa para o trabalho de conclusão da faculdade. Essa abordagem teve um efeito positivo, e ele conseguiu concluir o desafio com facilidade. Ele ainda comentou: "Você sabe, um bom vendedor precisa ter jogo de cintura".

Agora, a questão é: você contrataria esse candidato? Ele foi altamente recomendado, tem vasta experiência, suas expectativas salariais estão dentro do orçamento, ele se comunica bem, apresenta-se de forma excelente e, no teste, superou em 100% a meta estabelecida. Parece uma escolha óbvia, não é?

Se você me perguntar se ele deveria ser contratado, eu diria: depende. E já explico o porquê. Vamos voltar à história para descobrir o desfecho.

Pedro Mello, diretor da Performa, estava tão entusiasmado com o candidato que não conseguiu esperar e ligou para o entrevistador para saber se ele havia sido aprovado. Para sua surpresa, o candidato, apesar de todas as suas qualidades e de ter superado a tarefa proposta, não foi contratado. Pedro, apesar de decepcionado por perder alguém tão promissor, ficou satisfeito ao perceber que os valores da empresa haviam sido respeitados.

Anos atrás, ajudei a Performa a definir os valores que orientariam suas decisões e sua cultura organizacional. Naquela época, 80 colaboradores participaram do processo, resultando na definição dos seguintes valores:

- **Papo reto** – Que tal falar tudo com franqueza e objetividade e não ser mal compreendido?

- **Transparência** – Bom, né? Promove relações de confiança.
- **Crescer** – Me estica que eu cresço e agradeço.
- **Sou dono** – Pois é, bora dividir responsabilidades e resultados?

A Performa passou a levar esses valores muito a sério, tornando-os inegociáveis. Assim, eles não contrataram o candidato, pois ele feriu o valor Transparência, mentindo para os lojistas para conseguir uma vantagem. Se é inegociável, não tem conversa. Caso eles o tivessem contratado, a transparência seria apenas um valor desejável. Veja a diferença:

Valores desejáveis	Valores inegociáveis
Bom que as pessoas os tenham	Todos têm de ter
É desejável que o candidato tenha o valor para ser contratado	Se o candidato não tem o valor, não é contratado
Não é motivo para demissão caso alguém não tenha o valor	A pessoa é demitida caso não tenha o valor

Agora podemos entender o motivo do "depende". Se uma organização não tiver transparência ou honestidade como valores inegociáveis, ou se os considerar apenas valores desejáveis, esse candidato provavelmente seria contratado. No caso da Performa, que definiu a transparência como um valor inegociável, a decisão de não contratá-lo foi acertada.

Muitas empresas se orgulham de ter seus valores definidos, e algumas até os exibem em quadros nas paredes. No entanto, quando perguntamos aos colaboradores quais são esses valores, poucos conseguem lembrar de imediato. Em minhas pesquisas com centenas de funcionários em empresas que ajudei, menos de 40% das pessoas conseguiam lembrar dos valores de sua organização. Isso mostra que, embora se invista tempo e esforço para definir esses valores, eles acabam se tornando quase decorativos. Eu os chamo de valores desejáveis: a empresa incentiva e orienta as pessoas a segui-los, mas não toma medidas decisivas, como deixar de contratar ou até mesmo desligar alguém que não os pratique.

Algumas empresas chegam a definir até 10 valores. Para mim, quem tem 10 valores não tem nenhum, pois é praticamente impossível que toda a organização os leve a sério de forma consistente. O que eu sugiro é que, se sua empresa tem muitos valores definidos, faça uma escolha coletiva de 3 ou 4 deles e os torne inegociáveis. Os demais podem ser considerados desejáveis. A partir disso, inicie um trabalho robusto de educação e comunicação interna até que esses valores realmente se tornem inegociáveis e ajudem a moldar a cultura da empresa.

Outro erro comum é definir valores de forma genérica, usando termos que podem ser interpretados de várias maneiras. Por exemplo, "ética" como valor. Se você não especificar o que significa ética no contexto diário de trabalho, ela se torna apenas uma palavra bonita, mas sem impacto real. Para alguns, ética pode significar não mentir; para outros, apenas não roubar. É crucial que os valores venham acompanhados de exemplos práticos de comportamento. Sugiro que você crie uma tabela com exemplos claros de como agir com ética e como não agir, tornando os valores tangíveis e aplicáveis no dia a dia.

Agir sem ética	Agir com ética
Aceitar suborno de um fornecedor	Recusar quaisquer tipos de presentes e benefícios de fornecedores
Incluir valores maiores no relatório de despesas	Ser cuidadoso com o dinheiro da empresa nos gastos em viagens. Nunca aumentar ou arredondar para cima as despesas nos relatórios de despesas
Mentir para conseguir vantagens	Falar a verdade

Não foi da noite para o dia que a Performa conseguiu que todos os colaboradores vivam seus quatro valores inegociáveis. Eles investiram muito tempo em catequizar as pessoas, falando sobre eles em todas as reuniões e eventos. Eles imprimiram uma pequena cartela e as distribuíram para todos colocarem em suas carteiras. Demorou, mas hoje eles são como um guia dentro da empresa.

É importante diferenciar os valores das competências. Um valor é algo que todos do time ou da organização devem ter, desde o estagiário até o presidente. Já as competências não, pois são atreladas a determinadas funções.

A ética, já mencionada, é um valor que todos devem ter. Já uma competência como ousadia é algo esperado em algumas áreas, como nos times de inovação, vendas e marketing. Mas provavelmente não é algo desejado em um porteiro ou na área de tesouraria da empresa.

TER VALORES INEGOCIÁVEIS ECONOMIZARÁ TEMPO VALIOSO PARA VOCÊ COMO LÍDER E AJUDARÁ SUA EQUIPE A SE MANTER MAIS ALINHADA.

Pedro Mello, da Performa, relata que a definição clara de valores trouxe grande economia de tempo. Quando surgem conflitos em sua equipe, ele simplesmente pede que os envolvidos revisem os valores da empresa e reflitam sobre como devem agir à luz deles. Com o tempo, isso reduziu significativamente os conflitos dentro da equipe e da organização. Pedro observa que os valores servem não apenas como barreiras para afastar quem não está alinhado com a cultura da empresa, mas também como um ímã para atrair as pessoas certas.

O propósito ou porquê da empresa é como uma placa de ônibus, indicando a direção para onde a organização está indo. Esse propósito já atua como um filtro, garantindo que a bordo estejam apenas pessoas que compartilham o desejo de chegar a esse destino. No entanto, nem todos que desejam chegar ao destino da empresa são necessariamente bem-vindos na jornada. Alguém pode ser extremamente talentoso e querer contribuir para os objetivos da sua área ou organização, mas, se for uma pessoa tóxica, você realmente quer essa pessoa no seu ônibus?

Os valores inegociáveis funcionam como um segundo filtro. Imagine uma equipe formada apenas por pessoas que compartilham do mesmo propósito, que apreciam o trajeto e que incorporam os valores essenciais para uma convivência saudável durante a jornada. Isso não apenas melhora o ambiente de trabalho, mas também cria uma base sólida de confiança mútua entre os membros da equipe.

Além disso, os valores fornecem clareza sobre o que é tolerado ou não dentro da sua área, o que reduz significativamente o tempo gasto em gestão de conflitos e questões comportamentais. Com o tempo, você verá sua equipe composta por pessoas que compartilham energias e valores semelhantes, aumentando a confiança e a coesão. O porquê e os valores inegociáveis moldam e fortalecem a cultura da sua área ou organização.

Vale a pena definir valores inegociáveis para um departamento ou área?

Se sua organização, assim como a Performa, já leva os valores a sério e eles fazem parte da cultura, o ideal é que você, como líder de uma área, os reforce com sua equipe. No entanto, se sua empresa for como a maioria, onde ou os valores não estão bem definidos, ou são meramente desejáveis, vale muito a pena investir tempo para defini-los com seu time.

Caso sua empresa já tenha valores estabelecidos, mas eles sejam apenas desejáveis, escolha com sua equipe quais devem se tornar inegociáveis — aqueles que realmente guiarão o grupo daqui para a frente. Se houver um valor importante para sua equipe, mas que não está formalmente definido pela organização, você pode incorporá-lo, desde que não entre em conflito com os valores gerais da empresa. Se sua organização não tem valores claramente definidos, alinhe-se com seu superior antes de definir com sua equipe quais serão os pilares que guiarão sua área.

Uma ótima forma de iniciar esse processo é perguntando a cada membro da equipe: "Qual comportamento em um colega de trabalho seria intolerável para você?". Você ficará surpreso ao perceber que muitas respostas serão semelhantes. A lista de comportamentos intoleráveis será a base para definir os valores inegociáveis da equipe.

Ter esses valores bem definidos ajudará todos a entenderem quais comportamentos não são aceitáveis dentro do grupo. Envolver a equipe nesse processo é crucial, pois os valores deixam de ser algo imposto de cima para baixo. Você sai do papel de "pai" ou "mãe", que corrige quando há um deslize, e as próprias pessoas passam a regular sozinhas, pois elas mesmas definiram o que é inaceitável.

Assim como Pedro Mello fez na Performa, você, como líder, no início precisará catequizar a equipe e constantemente reforçar tanto o porquê quanto os valores, até sentir que todos os internalizaram de verdade. Explique claramente que "inegociável" significa, de fato, inegociável. Se alguém constantemente age em desacordo com esses valores, essa pessoa deverá deixar o grupo.

Agora vem a parte mais desafiadora. Imagine que você está desesperado para preencher uma vaga e está sendo difícil encontrar alguém com o perfil adequado que aceite o salário oferecido. Então surge o candidato perfeito, com todas as qualificações, mas ele não compartilha de algum dos valores definidos pelo grupo. Esse será o verdadeiro teste para os valores inegociáveis. Se você decidir contratar essa pessoa, estará comprometendo aquilo que foi acordado, e os valores da equipe voltarão a ser apenas desejáveis.

PEDIR REFERÊNCIAS PARA CONTRATAR ALGUÉM É COMO PERGUNTAR SE O CARRO É BOM PARA O ATUAL DONO QUE QUER VENDÊ-LO. COMO OS VALORES INEGOCIÁVEIS PODEM AJUDAR NESSE PROCESSO.

O que você acha que acontecerá se perguntar a alguém que está vendendo um carro usado se ele é bom? A menos que o veículo esteja em péssimo estado, o vendedor quase sempre falará bem do produto. Pedir referências a um ex-empregador é um processo similar. A menos que o candidato tenha sido um desastre ou tenha causado prejuízos à empresa, dificilmente o referenciador falará algo negativo. Muitas vezes, quem demitiu se sente em dívida emocional e quer ajudar a pessoa a se recolocar rapidamente no mercado.

Se sua área ou empresa tiver valores inegociáveis bem definidos, você terá um guia que tornará o processo de checagem de referências muito mais eficaz. Por exemplo, suponha que "colaboração" seja um desses valores. Em vez de perguntar de forma genérica sobre o desempenho do candidato, você pode ser mais específico: "De 1 a 10, o quanto o candidato é colaborativo?". Essa pergunta, focada em um aspecto concreto, deixa o referenciador mais à vontade para responder com honestidade, já que ele não estará fazendo um julgamento amplo sobre o candidato, mas apenas avaliando uma característica.

Você pode repetir esse processo com todos os seus valores inegociáveis. Se alguma nota baixa aparecer, aquele valor deverá ser cuidadosamente testado no restante do processo seletivo.

Outra forma de verificar os valores diretamente com o candidato é misturar seus valores inegociáveis com outros mais genéricos e pedir que ele os classifique do mais ao menos importante para si. Se um dos seus valores essenciais ficar nas últimas posições, isso deve servir como um alerta.

Oferecer cinco mil dólares para o candidato desistir

Você ofereceria cinco mil dólares para uma pessoa que acabou de contratar desistir no final da primeira semana de trabalho? Parece loucura, não é? Mas essa é uma prática criada pela Zappos e adotada por várias outras empresas. A Zappos, que vende calçados e roupas online e foi adquirida pela Amazon em 2009, leva a cultura e os valores tão a sério que pelo menos 50% das perguntas em entrevistas e avaliações de desempenho são voltadas para esses temas. A empresa implementou uma prática chamada *The Offer* (A Oferta) para garantir que apenas pessoas alinhadas à sua cultura e a seus valores permaneçam.

A Trainual, uma empresa de software na nuvem, também adotou essa prática. Inicialmente, ofereciam 2.500 dólares para os novos contratados desistirem após a primeira semana. Como ninguém aceitou, eles aumentaram o valor para cinco mil dólares. Chris Ronzio, fundador e CEO da Trainual, conta que uma pessoa acabou aceitando a oferta, pois percebeu, após uma semana de trabalho, que não seria feliz na empresa. Agora, imagine o custo de manter alguém infeliz na equipe por anos.

É provável que você ou sua empresa não queiram gastar cinco mil dólares com uma ação como a *The Offer*. No entanto, é possível levar a questão dos valores a sério sem esse investimento. Comece estabelecendo com sua equipe os valores inegociáveis que guiarão os comportamentos dali em diante. O custo desse processo é apenas algumas horas de conversa. Esses valores, se realmente vividos e incorporados, com o tempo se tornarão a essência da identidade coletiva da sua equipe ou organização.

Caso Mercur

Você abriria mão dos clientes mais lucrativos da sua empresa para honrar seus valores e propósitos? Faria isso mesmo sabendo que haveria um impacto negativo significativo nas receitas por alguns anos? Suspeito que a maioria das empresas não tomaria essa decisão. No entanto, foi exatamente o que fez a Mercur, uma empresa brasileira que desenvolve produtos e projetos nas áreas de saúde e educação. A Mercur demonstra, de fato, o compromisso de viver de acordo com seus valores e propósitos.

A proposta da empresa é oferecer soluções que promovam o potencial humano e contribuam para a regeneração do planeta. Uma de suas principais fontes de receita vinha do fornecimento de matérias-primas de borracha para maquinários utilizados no setor de tabaco. No entanto, a Mercur optou por interromper esse fornecimento, por considerar que essa atividade contrariava seus princípios. A decisão foi extremamente desafiadora e impactou de forma significativa seus resultados financeiros. Ainda assim, os gestores acreditam que essa postura fortalecerá a empresa no longo prazo e será essencial para sua prosperidade no futuro.

RESUMO DO CAPÍTULO

- Ter valores inegociáveis economizará tempo valioso para você como líder e ajudará sua equipe a se manter mais alinhada.
- Caso sua empresa já tenha valores estabelecidos, mas eles sejam apenas desejáveis, escolha com sua equipe quais devem se tornar inegociáveis — aqueles que realmente guiarão o grupo daqui para a frente.

Da Cidade do Cabo a Helsinque em menos tempo

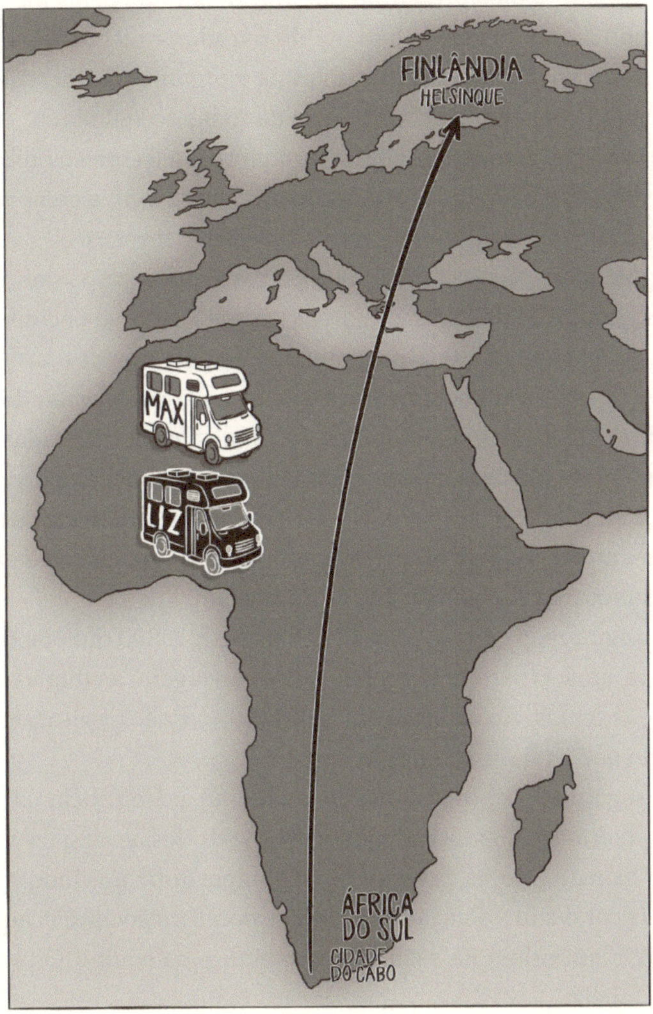

Max, com sua meticulosidade característica, reuniu a equipe no *motorhome*. Após se certificar de que todos haviam lido o manual, abriu espaço para perguntas. Em seguida, apresentou um tour detalhado pelas instalações do veículo, explicando o roteiro, o plano de paradas e os horários para cada atividade. Max, confiante em sua disciplina e organização, acreditava que a vitória sobre Liz dependia da obediência de todos ao seu plano.

Liz, por sua vez, reuniu sua equipe completa em frente ao ônibus, onde o propósito do grupo havia sido estampado. Convidou Beth a compartilhar sua linha da vida, incentivando os demais a fazerem o mesmo.

Em seguida, ela propôs uma dinâmica para que o grupo definisse como mitigar os riscos e se destacar nas áreas-chave. A equipe decidiu trabalhar em duplas, com cada membro participando de pelo menos duas duplas. Liz apresentou o perfil comportamental DISC de cada um, revelando as habilidades e dificuldades de cada membro. As duplas foram formadas com base nas competências técnicas, no conhecimento e no perfil comportamental de cada um. A empolgação era palpável, e a equipe decidiu iniciar os estudos e o planejamento da viagem ali mesmo, morando no *motorhome* para vivenciar os desafios e os problemas que enfrentariam.

No dia seguinte, partiram para Port Elizabeth, a 800 quilômetros de distância, para uma experiência real. Durante a viagem, as duplas se dedicaram aos seus temas. Ao retornarem à Cidade do Cabo, revisaram seus planos à luz do que haviam aprendido.

No dia seguinte, Liz propôs uma nova dinâmica: identificar os comportamentos intoleráveis durante a viagem. A partir dessas respostas, o grupo criou uma lista de valores, invertendo os comportamentos indesejáveis. Em seguida, Liz conduziu a seleção dos cinco valores inegociáveis: aqueles que, se violados, resultariam na exclusão do membro da equipe. O resultado foi a seguinte tabela:

Comportamentos intoleráveis	Valores	Votação	Valores inegociáveis escolhidos
Arrogância Soberba Prepotência	Humildade	*****	Humildade
Desrespeito na forma de se comunicar	Respeito	****	Respeito
Manipulação Colocar uns contra os outros	Transparência	*****	Transparência
Hipocrisia Pregar algo e fazer o contrário	Coerência	**	
Falta de comprometimento	Comprometimento Seriedade	****	Comprometimento
Vitimismo	Autorresponsabilidade	*	
Individualismo	Colaboração	******	Colaboração
Combinar algo e não cumprir Não cumprir com a palavra	Lealdade	**	
Preguiça	Proatividade	**	
Mentira com hipocrisia	Honestidade	***	

Liz pediu para que cada um desse um exemplo positivo e negativo de cada valor inegociável para que todos tivessem o mesmo entendimento sobre cada um deles.

CAPÍTULO 10

Metas e objetivos coletivos e alinhamento de expectativas

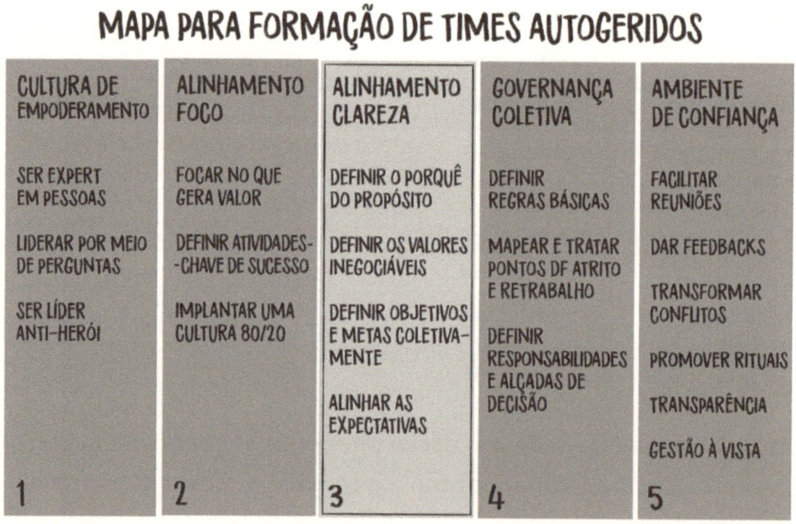

Definir metas e objetivos coletivamente

É possível definir as metas e os objetivos de uma empresa gigantesca com a participação de todos os seus colaboradores? Embora pareça uma missão quase impossível, foi exatamente o que a Leroy Merlin Brasil fez em 2010, ao criar sua visão para 2020. O processo de planejamento envolveu 8 mil colaboradores, em uma verdadeira operação de engajamento coletivo. Para que tudo funcionasse, cada uma das 28 lojas da empresa parou por um dia, permitindo que 100% dos funcionários participassem.

Agora, imagine alguém que trabalha no atendimento, no caixa ou em uma função operacional de uma loja da Leroy Merlin. Quantos deles você acha que se interessariam em ler uma carta estratégica elaborada exclusivamente pela alta direção, sem o envolvimento deles? É provável que a resposta seja: bem poucos. Mas e se todos tivessem participado da elaboração dessa carta, como aconteceu na Leroy? Quase todos estariam engajados em lê-la e, mais importante, em colocá-la em prática. O resultado na Leroy foi um enorme sucesso: o planejamento estratégico foi conhecido por quase 100% da organização, e o nível de comprometimento em transformá-lo em realidade foi impressionante.

Não é segredo que existe uma correlação direta e positiva entre o nível de engajamento de uma pessoa na execução de uma tarefa e sua participação no planejamento dela. Quanto mais uma pessoa é envolvida na criação da estratégia ou no plano de ação, maior a probabilidade de ela entender o que precisa ser feito, comprometer-se com a execução e lidar de forma proativa com os desafios que surgirem, porque ela entende o porquê de cada ação.

Quando as pessoas participam das decisões, deixam de responder apenas ao chefe ou a uma ordem superior. Elas passam a agir com responsabilidade consigo mesmas. A velha história de "o chefe mandou" perde o sentido. A responsabilidade se torna pessoal.

Muitos líderes reclamam da falta de *accountability* em suas equipes — o sentimento de que as pessoas não executam as tarefas da forma esperada. No entanto, grande parte desse problema pode estar na falta de envolvimento dos colaboradores no planejamento e na ausência de contexto sobre o porquê das tarefas. Em 2022 e 2023, realizei uma pesquisa com 880 profissionais para entender como eram liderados por seus superiores imediatos. Apenas 23% afirmaram que sempre têm a oportunidade de participar das decisões da sua área.

Em vez de definir metas de forma isolada, os gestores precisam assegurar que os funcionários entendam alguns pontos essenciais: a ligação das metas individuais com os objetivos da organização; a prioridade relativa dessas metas; o nível de detalhamento necessário; quem são os principais envolvidos; e o que define o sucesso em cada caso.

Dessa forma, a responsabilidade recai sobre o gestor, que deve criar o ambiente ideal para que os colaboradores possam se destacar. O documento de cultura da Netflix é direcionado diretamente aos líderes com a seguinte mensagem: "Quando uma pessoa talentosa da sua equipe comete um erro, não a culpe. Pergunte a si mesmo qual foi o contexto que você falhou em fornecer".

No início de 2024, visitei o escritório de advocacia de uma amiga. Ela me contou que estava exausta porque seus funcionários cometiam muitos erros e, quando ela pedia para corrigirem, o faziam com "cara fechada". Perguntei como ela abordava esses erros, e ela confessou que simplesmente mostrava o problema, pedia para a pessoa consertar e se desculpar com o cliente. A advogada seguia a orientação, mas com visível desânimo, mesmo quando o pedido era feito com respeito.

Sugeri uma abordagem diferente. Em vez de apenas pedir que a advogada corrigisse o erro e se desculpasse com o cliente, propus que ela se sentasse com a colaboradora e fizesse perguntas simples como: "O que podemos fazer juntas para evitar esse tipo de erro no futuro?" ou "O que você acha que podemos fazer para que o cliente não fique chateado com o erro?". Essa abordagem muda tudo. **QUANDO A PESSOA PARTICIPA DA SOLUÇÃO, ELA PASSA A RESPONDER PARA SI MESMA, NÃO MAIS PARA A CHEFE.** Com isso, as chances de ela agir corretamente em uma próxima situação aumentam significativamente.

Mesmo que você faça um pedido com educação e cordialidade, se a pessoa não estiver envolvida no processo de decisão, é provável que cumpra as tarefas de maneira automática e sem entusiasmo.

Portanto, sempre que possível, envolva sua equipe nas decisões da área. O ideal é que todos participem, desde a criação da estratégia até a execução dos planos. Esse nível de participação aumenta significativamente o engajamento.

Se você, como líder, tem autonomia, reúna sua equipe anualmente para elaborar de forma coletiva a estratégia e o plano de ação da área para o próximo ano, definindo metas e objetivos em conjunto. Caso não seja possível planejar tudo com a equipe, ao menos abra espaço para que eles deem sugestões e compartilhem suas opiniões. Torne esse processo um momento significativo, como fez a Leroy Merlin. Claro que nem todas as ideias poderão ser implementadas, mas, ao final, reúna a equipe novamente para explicar o que foi possível incluir e o que não foi, fornecendo sempre o contexto.

Se você lidera em uma empresa grande, em que as metas são impostas de cima para baixo e você não tem autonomia para definir essas metas junto à sua equipe, invista tempo explicando o contexto. Mostre a visão da empresa, o porquê das metas, como elas se encaixam na estratégia maior da organização e o que todos ganharão ao alcançá-las. Mesmo assim, procure envolver a equipe na elaboração do plano de ação para cumprir ou até superar as metas.

No passado, quando era executivo de uma multinacional, eu recebia as metas anuais da filial brasileira. As metas vinham praticamente sem margem para negociação, e precisávamos crescer ao menos 10% todo ano. Nos primeiros anos, eu assumia a postura de "líder herói", elaborava o plano de ação com o líder regional e o repassava às equipes para execução. Eu investia um tempo enorme detalhando cada ação, dividindo o faturamento esperado por cliente, vendedor etc.

Com o tempo, percebi que era muito mais produtivo elaborar esse plano com os diretores, gerentes e vendedores. Além de economizar um tempo considerável, o engajamento de todos aumentou drasticamente. Antes, quando as metas não eram atingidas, os vendedores reclamavam que os números eram irreais ou injustos, e gastava-se muita energia nessas discussões. Depois que passaram a participar do processo de definição, essas reclamações praticamente desapareceram. Claro, alguns vendedores ainda tentavam puxar as metas para baixo para facilitar suas vidas, mas aí entra a importância de explicar o contexto e os objetivos maiores da empresa.

Envolver os colaboradores no processo de definição de metas pode fortalecer o sentimento de inclusão e trabalho em equipe dentro da organização, permitindo aproveitar o talento, o conhecimento e a criatividade coletivos de toda a equipe. Isso promove uma comunicação aberta, a colaboração e o intercâmbio de diferentes perspectivas. Quando os funcionários sentem que suas opiniões são ouvidas e suas ideias são valorizadas, eles se tornam mais comprometidos com o sucesso da empresa como um todo.

Empresas como Zappos, Salesforce, Netflix, Buurtzorg e Patagonia cultivam uma cultura de empoderamento e responsabilidade que envolve todos os seus colaboradores na definição de metas e objetivos. Elas aproveitam a inteligência coletiva e o potencial de seus colaboradores, que passaram a ter uma compreensão mais profunda de como suas contribuições individuais afetam os objetivos gerais do negócio.

Outro exemplo notável é o Google, que utiliza uma estrutura de definição de metas chamada "objetivos e resultados-chave" (OKRs, do inglês *Objectives and Key Results*). Essa metodologia é baseada na criação de metas mensuráveis e na identificação de resultados-chave que contribuem para alcançá-las. Os OKRs são implementados em todos os níveis da organização, garantindo que todos estejam alinhados com as prioridades da empresa e trabalhando em direção a uma visão comum.

> **NÃO ENVOLVER SEU TIME NA ESTRATÉGIA OU PLANO DE EXECUÇÃO FARÁ DE VOCÊ UM LÍDER HEROICO E SOLITÁRIO.**

Certa vez, perguntei à dona de uma pequena empresa por que ela não envolvia sua equipe na criação de estratégias e metas. Ela me respondeu que tinha receio de compartilhar os números da empresa. Quando perguntei o motivo desse receio, ela explicou que temia que os funcionários fizessem as contas e percebessem o quanto ela ganhava. Além disso, mencionou que existiam colaboradores juniores que ganhavam bem menos que os seniores, e que isso poderia desmotivá-los se soubessem da diferença salarial.

Essa empresária se sentia isolada na gestão, e a falta de envolvimento da equipe nas decisões estratégicas colocava todo o peso do crescimento nas costas dela. Seus funcionários apenas executavam tarefas técnicas, o que travava o progresso da empresa, já que ela não conseguia dedicar tempo à prospecção de novos negócios.

Esse tipo de situação é muito comum. No mundo ideal, você deveria compartilhar os números com sua equipe para que todos se sintam responsáveis por eles. No entanto, no mundo real, nem sempre isso é viável, especialmente quando há grandes disparidades salariais, pois isso realmente pode desmotivar os que ganham menos. Mais adiante, falarei sobre a questão da transparência em maior profundidade, mas já adianto que, para ser transparente de forma saudável, é essencial que haja equilíbrio e justiça dentro da organização.

Invista tempo em tornar sua empresa ou área mais equilibrada, justa e transparente, de modo que você possa, gradualmente, ser mais aberto com sua equipe. Isso permitirá que eles te ajudem a encontrar soluções e se engajem mais nos resultados. Porém, se você ainda não tem condições de fazer isso, seja por falta de autonomia, seja por outras limitações, reflita até que ponto pode ser transparente e com quem deve dividir essa responsabilidade.

No caso da empreendedora que mencionei, sugeri que ela envolvesse a equipe na elaboração da estratégia e do plano de ação, mas de forma segmentada: ela poderia ouvir as opiniões dos colaboradores juniores sobre como aumentar as vendas e se diferenciar no mercado, sem necessariamente abrir os números para eles. Já para os seniores, que tinham salários mais próximos ao dela, seria apropriado compartilhar os dados e envolvê-los de maneira mais profunda no planejamento estratégico. Esse seria um primeiro passo, que já a ajudaria a reduzir a sensação de solidão na gestão.

Se você fez a lição de casa e atraiu para sua equipe pessoas alinhadas ao propósito da área ou da empresa e que compartilham dos mesmos valores, elaborar juntos a estratégia e os planos de ação aumentará significativamente as chances de atingir os objetivos propostos e obter resultados positivos. Além disso, tornará a jornada mais colaborativa e agradável.

UM SONHO SONHADO JUNTO É MAIS PODEROSO E MUITO MAIS PRAZEROSO.

Em situação de emergência, corra!

Nos esportes, geralmente cabe ao técnico e à comissão técnica definir as táticas e estratégias. Os jogadores são meros executores do que eles definem. Em missões de curtíssimo prazo em que não há espaço para o erro, como em uma partida esportiva, a centralização da estratégia e tática é centralizada, pois não há tempo para que cada jogador exerça sua própria liderança. O mesmo acontece em uma situação de emergência, na qual não dá tempo para discutir e obter consenso. Se um escritório começar a pegar fogo, o melhor a fazer é alguém liderar o evacuamento (geralmente quem foi treinado para isso). Todos morrem se o grupo decidir abrir espaço para que todos opinem. Mas, mesmo nos esportes, é salutar o técnico ouvir a opinião dos jogadores e considerar o que eles pensam. Os técnicos mais admirados são os que são humanos e se importam e ouvem os jogadores. Veja o exemplo de Carlo Ancelotti, um dos técnicos de futebol mais vitoriosos da história. No livro *Liderança tranquila*, que revela seus métodos e bastidores da carreira, há inúmeros relatos de jogadores que admiram o treinador justamente por sua humildade em ouvir. Entre os depoimentos está o de Cristiano Ronaldo, que explica por que Ancelotti é tão respeitado: "Acredito que parte disso se deve à forma como ele trata as pessoas — é extremamente humilde, o que é raro no mundo do futebol. Ele trata todos como iguais. Nunca ignora alguém só porque essa pessoa não está no seu nível; ele sempre escuta".

Na gestão das organizações, há momentos de emergência em que é necessária a atuação mais firme e centralizada de um líder. Porém, as missões geralmente são mais de médio e longo prazo. A centralização excessiva de decisões na liderança acaba desmotivando muitas pessoas. Quanto mais talentosas e qualificadas forem as pessoas de uma equipe, mais elas se motivarão se participarem das decisões e tiverem autonomia para trabalhar.

Leroy Merlin envolveu seus 8 mil colaboradores na definição de sua visão

Retomando o caso da Leroy Merlin no início do capítulo, em 2010, a empresa iniciou, no Brasil, um projeto para construir coletivamente sua visão para 2020, envolvendo todos os 8 mil colaboradores que faziam parte da equipe naquela época. O projeto foi estruturado em várias fases, começando de forma reduzida e, aos poucos, envolvendo um número cada vez maior de participantes. A primeira iniciativa, em 2010, foi a criação do G22, um grupo formado pelos 22 gestores mais seniores da empresa. Esse grupo passou pelo mesmo processo que os demais que viriam a seguir. Eles testaram a metodologia e, em seguida, tornaram-se facilitadores de um grupo maior, o G115, criado em 2011. Esse novo grupo, composto por 115 pessoas, incluía os gestores seniores das lojas, como diretores, gerentes comerciais, de logística, de gestão e RH, representando as 28 lojas da empresa na época.

Esse segundo grupo passou pelo mesmo processo, e seus participantes tornaram-se facilitadores do G8000, composto de 30 grupos que envolveram todos os colaboradores da empresa. Cada loja formava seu próprio grupo, enquanto os funcionários da matriz escolhiam uma loja para participar do processo junto a ela.

Entre 2012 e 2014, cada unidade enviava, de forma escalonada, todos os seus colaboradores para um local fora da loja, onde passavam alguns dias participando da construção da Visão 2020. Obviamente, a empresa não podia fechar as lojas para essas atividades. Assim, colaboradores de outras unidades assumiram temporariamente a operação das lojas em processo. Essa dinâmica exigiu que as lojas melhorassem e documentassem seus processos, já que os funcionários de outras unidades precisavam assumir as funções sem orientação direta de quem normalmente as executava. Antes disso, havia várias falhas operacionais, como o fato de que, em algumas lojas, apenas uma pessoa tinha a chave do cofre e sabia como abri-lo. Se essa pessoa faltasse, os caixas ficavam sem troco, prejudicando as operações.

Ao final do processo, foram geradas 32 cartas de visão, incluindo as do G22, do G115 e de cada loja que integrava o G8000. Um grupo foi encarregado de consolidá-las em uma única carta, que se tornou o alicerce do planejamento estratégico da empresa.

Elaboração da Visão 2020

Cada um dos 32 grupos formados passou pelo mesmo processo de criação da Visão 2020, considerando aspectos como clientes, equipes, produtos, serviços, sustentabilidade e resultados.

A empresa adotou um símbolo especial para o projeto: uma mala verde que circulava de loja em loja, coletando as cartas de cada grupo. Cada loja celebrava esse momento com uma festa. No fim, todas as visões foram consolidadas em uma única carta, que representava a visão de todos os colaboradores. Esse trabalho culminou em uma grande convenção realizada em São Paulo, onde o resultado final foi apresentado.

Todos os 8 mil colaboradores tiveram acesso à visão consolidada e, de 2014 até 2020, a carta foi revisada anualmente para monitorar o progresso em relação aos objetivos estabelecidos.

Segundo Charles Schweitzer, gerente responsável pelo projeto na época, muitas histórias de vida foram transformadas após esse processo. O nível de comprometimento e senso de pertencimento dos colaboradores aumentou significativamente. Houve grande amadurecimento das pessoas em relação ao negócio da Leroy Merlin, o que impactou de forma positiva a qualidade do atendimento ao cliente.

Grande parte do que foi planejado se concretizou, incluindo a transformação da empresa em uma verdadeira operação omnichannel, proporcionando aos clientes a mesma experiência em todos os canais de vendas, seja no site, seja na loja física, por telefone etc. Além disso, programas de bonificação e participação nos lucros (PLR) foram implementados. O gerenciamento de estoque também foi aprimorado, e a empresa passou a adotar o modelo "*ship from store*", permitindo que as lojas físicas enviassem produtos diretamente aos clientes que compravam online. Também como resultado desse projeto, a Leroy Merlin revisou completamente suas práticas de trade marketing para melhorar ainda mais a experiência do cliente nas lojas.

Alinhamento de expectativas

No processo de dar clareza por meio do alinhamento, você já definiu o destino do seu "ônibus" e o propósito dele, estabeleceu com sua equipe quem deve estar a bordo e quem não deve, e planejaram juntos o que é necessário para chegar lá, além de escolher a melhor rota. Agora, é o momento de se sentar com cada membro para definir claramente o papel de cada um e o que se espera deles nessa jornada. É essencial realizar um alinhamento de expectativas. Vamos ver como isso funciona na prática.

Sarah é gerente farmacêutica na Rede Roval. Além de ser uma profissional dedicada, ela é mãe de Lucas, um garoto que, como muitas crianças brasileiras, adora jogar futebol. Um dos maiores sonhos de Sarah era poder assistir aos treinos de Lucas, que aconteciam às terças-feiras à tarde. No entanto, por suas responsabilidades no trabalho, ela acreditava que seria impossível deixar o laboratório no meio do dia para acompanhar seu filho. Pedir isso à sua líder, Andrea Gomes, parecia impensável. Como seria vista pela empresa se fizesse um pedido como esse? Resignada, Sarah aceitou a frustração, convencida de que teria de viver com isso. "É a vida", pensava.

Mas, para sua surpresa, em 2019, Sarah foi chamada para uma reunião de alinhamento de expectativas com Andrea. Ao entrar na sala, sentia-se um pouco perdida. Andrea começou a fazer perguntas que, à primeira vista, pareceram estranhas para Sarah. Não estando preparada para aquele tipo de conversa, mesmo com a recepção calorosa de Andrea, ela ficou na defensiva. Nunca ninguém havia feito essas perguntas antes. Andrea perguntou o que Sarah estava disposta a entregar naquele ano. Sarah, confusa, pensou: "Como assim? Vou entregar o que sempre entrego, claro!". Depois de um silêncio incômodo, Andrea a ajudou, pedindo que ela especificasse o que, além de suas obrigações básicas, ela se comprometia a realizar. Podia ser alcançar metas, melhorar a qualidade, aumentar a produtividade etc. Meio sem jeito, Sarah prometeu que focaria melhorar a qualidade do trabalho.

Então, veio a pergunta mais inesperada de todas: "E o que você gostaria em troca da empresa por entregar isso?". De imediato, o desejo de assistir aos treinos do filho às terças-feiras à tarde surgiu na mente de Sarah. Mas dúvidas surgiram: "Devo pedir? Como ela reagirá? Vou ser vista como irresponsável?". Depois de hesitar, ela finalmente se arriscou e fez o pedido. Para sua surpresa e alegria, Andrea concordou e ainda a incentivou a priorizar esse tempo com o filho.

Sarah não conseguiu esconder a felicidade; um grande sorriso apareceu em seu rosto. Andrea então prosseguiu, detalhando o que a empresa esperava dela naquele ano. Sarah ouviu atentamente e, mais uma vez, foi surpreendida com outra pergunta: "E o que você espera de mim e da empresa para entregar o que estamos pedindo?". Sarah respondeu que gostaria de um treinamento de qualidade. A reunião prosseguiu com ambas ajustando expectativas, tanto o que a empresa esperava dela quanto o que ela prometia entregar.

Desde então, Sarah passou a assistir aos treinos de Lucas, e essa felicidade se refletiu em sua produtividade no trabalho. Sua motivação para cumprir o que havia prometido e o que era esperado dela aumentou significativamente, e ela vem superando as expectativas de forma consistente.

Essa história demonstra o poder do alinhamento de expectativas. Ao definir claramente o que é esperado de cada um, e ao abrir espaço para ouvir suas necessidades e seus desejos, líderes conseguem criar um ambiente onde todos se sentem valorizados e motivados, promovendo maior engajamento e resultados mais sólidos.

Charles Tokarski, CEO da Roval, tornou-se um grande entusiasta do processo de alinhamento de expectativas. Todos os anos, ele dedica tempo no início do ano para realizar essa prática com seus liderados, deixando claro o que espera de cada um. Além disso, ele incentivou seus gestores a adotarem a mesma abordagem com suas equipes, o que possibilitou histórias como a de Sarah e Andrea.

Há diversas maneiras de conduzir esse processo, e uma das mais simples e eficazes é usar um quadrante de perguntas estratégicas:

1. O que você pretende entregar este ano?
2. O que você espera da empresa em troca?

3. O que eu espero de você este ano?
4. O que você espera de mim em troca?

O QUE VOCÊ PRETENDE ENTREGAR ESTE ANO?

O QUE VOCÊ QUER DA EMPRESA EM TROCA?

O QUE EU ESPERO DE VOCÊ ESTE ANO?

O QUE VOCÊ QUER DE MIM EM TROCA?

Essas perguntas são incrivelmente poderosas, pois oferecem uma clareza fundamental para que os colaboradores compreendam o que é esperado deles ao longo do ano. Além disso, o processo incentiva a abertura e a transparência, permitindo que as pessoas compartilhem seus incômodos ou façam pedidos que possam aumentar sua felicidade e sua motivação no trabalho, como aconteceu com Sarah.

É fundamental que a definição do que cada colaborador deve entregar esteja diretamente conectada à geração de valor que sua área ou empresa busca proporcionar aos clientes. Muitas vezes, o que o profissional se propõe a realizar pode não estar em sintonia com as expectativas atuais, não gerar o impacto desejado ou não estar vinculado às atividades cruciais para o sucesso. Nesses casos, é papel do líder orientar, esclarecendo o propósito, as metas e os objetivos que efetivamente agregam valor para os clientes.

Para engajar o colaborador, é importante gerar interesse nas metas do grupo, explicando claramente o papel de cada pessoa no processo. Deixe claro o porquê por trás das solicitações e mostre o impacto positivo tanto para o colaborador quanto para a organização. Detalhe como a contribuição individual se encaixa no "quebra-cabeça" maior da área e da empresa, e mostre como esse quebra-cabeça ficará quando completo, proporcionando ao colaborador um senso de propósito. Seu objetivo é envolver as pessoas emocionalmente na visão e nas metas, criando uma conexão genuína com os resultados que se deseja alcançar.

Quanto mais claro for para a equipe o que se espera deles, menos será necessário direcioná-los diariamente sobre onde devem focar suas energias.

Promover essas conversas também permitirá identificar o grau de alinhamento ou desalinhamento entre você e sua equipe. Nem sempre serão conversas fáceis — você pode ouvir que o colaborador não está satisfeito com a remuneração, que espera mais autonomia, ou que você está delegando menos do que deveria. No entanto, essas discussões são fundamentais para criar um ambiente de trabalho mais transparente, alinhado e produtivo.

Segundo Charles, da Roval:

> A verdadeira magia acontece quando você deixa muito claro o que espera das pessoas ao longo do ano e, ao mesmo tempo, abre espaço para entender o que elas esperam de você em troca. Quando há esse *match* — ou seja, quando você consegue alinhar o que a pessoa deseja entregar com suas expectativas — faz todo sentido atender às demandas dela.
>
> Se você não abrir ativamente esse espaço para diálogo e provocação, os desejos das pessoas muitas vezes permanecem não ditos. Em alguns casos, elas acabam deixando a empresa por acreditarem que nunca terão suas expectativas atendidas.
>
> É comum pensarmos que a principal demanda dos colaboradores é por mais dinheiro, mas a realidade vai muito além disso. Embora a remuneração seja importante, os bons profissionais não buscam apenas aumento salarial. Muitas vezes, o que eles realmente desejam é mais autonomia, flexibilidade, reconhecimento ou algum outro benefício não financeiro.

RESUMO DO CAPÍTULO

- Muitos líderes reclamam da falta de *accountability* em suas equipes; no entanto, grande parte desse problema pode estar na falta de envolvimento dos colaboradores no planejamento e na ausência de contexto sobre o porquê das tarefas.

- Quando a pessoa participa da solução, ela passa a responder para si mesma, não mais para a chefe. Sempre que possível, envolva sua equipe nas decisões da área. O ideal é que todos participem, desde a criação da estratégia até a execução dos planos. Esse nível de participação aumenta significativamente o engajamento.
- Ao definir claramente o que é esperado de cada um, e ao abrir espaço para ouvir suas necessidades e desejos, os líderes conseguem criar um ambiente onde todos se sentem valorizados e motivados, promovendo maior engajamento e resultados mais sólidos.
- É fundamental que a definição do que cada colaborador deve entregar esteja diretamente conectada à geração de valor que sua área ou empresa busca proporcionar aos clientes.

Da Cidade do Cabo a Helsinque em menos tempo

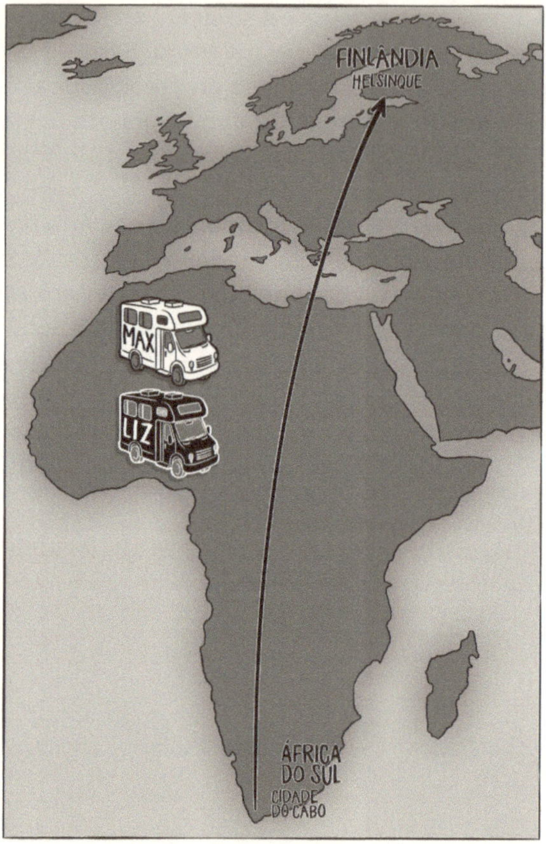

Max, com sua visão pragmática, apresentou sua meta à equipe: chegar a Helsinque em 30 dias, percorrendo 500 quilômetros por dia. Ambicioso, revelou seu desejo de alcançar 800 quilômetros diários, completando a jornada em 20 dias, o que exigiria 16 horas de direção por dia. Consciente da dificuldade, propôs um revezamento que permitiria paradas apenas para abastecimento, manutenção e compra de suprimentos.

Em um discurso motivacional, ele exaltou a capacidade da equipe de superar desafios e alcançar a vitória. Três membros se mostraram entusiasmados, enquanto dois expressaram preocupação com o ritmo intenso. Max conseguiu convencer todos a percorrer 800 quilômetros por dia. Ao final da reunião, sentiu-se orgulhoso de sua habilidade de negociação, confiante de que Liz jamais convenceria sua equipe a percorrer tantos quilômetros.

Após dispensar a equipe para uma noite de descanso, Liz se reuniu com eles, e cada dupla apresentou suas descobertas e planos. Para facilitar a discussão, Liz contratou uma amiga facilitadora de reuniões, enquanto ela assumiu o papel de guardiã do propósito do grupo. Sempre que a discussão se desviava, Liz a reconduzia, lembrando a meta de chegar a Helsinque antes de Max. Ela também alertou sobre a competitividade e a obstinação de Max, que certamente levaria sua equipe ao limite.

Após dois dias de trabalho intenso, a equipe definiu a rota, os turnos, os descansos e os locais de interesse. Alinhados ao propósito de disseminar conhecimento, decidiram parar diariamente em uma escola ou universidade, onde Christie ministraria uma aula sobre cultura africana, a equipe compartilharia seus aprendizados e ouviriam professores locais sobre a cultura e história da região. A atividade seria realizada ao meio-dia, aproveitando o horário mais quente do dia, já que o ar-condicionado do ônibus não suportaria o calor extremo. Com base na experiência da viagem a Port Elizabeth, calcularam que poderiam percorrer 600 quilômetros por dia sem sobrecarregar o ônibus.

Beth, a navegadora, apresentou o roteiro planejado, incorporando as sugestões de todos. Por questão de segurança, a equipe decidiu evitar viagens entre 22h e 5h, iniciando o dia às 5h, rodando até às 12h e retomando às 15h, seguindo até às 22h. O intervalo seria dedicado a visitas, almoço, exploração da região e busca por um local para banho, além de abastecimento, limpeza e manutenção do ônibus. Os turnos de direção, limpeza e manutenção também foram definidos.

Liz sabia que Max levaria sua equipe ao limite, mas reconhecia que esse ritmo poderia gerar estresse, acidentes, falhas mecânicas e roubos. Decidiu iniciar a viagem com o plano estabelecido por sua equipe, fazendo ajustes conforme necessário.

Max, com sua obsessão por controle, elaborou uma rotina detalhada, definindo turnos de direção, horários para dormir, acordar, limpar o ônibus e até ir ao banheiro. Alguns membros da equipe se mostraram surpresos com o nível de detalhe, mas Max os tranquilizou, afirmando que faria ajustes conforme a viagem progredisse.

Após a definição do plano e roteiro, Liz quis alinhar as expectativas e solicitou que cada membro escrevesse o que pretendia entregar na viagem e o que esperava receber em troca. Ela também escreveu suas expectativas em relação a cada um e o que estava disposta a oferecer.

No dia seguinte, Liz se reuniu individualmente com cada membro, compartilhando suas expectativas e ouvindo as deles. O alinhamento foi formalizado em um documento assinado por ambas as partes. Liz enfatizou que o documento serviria como um guia, sujeito a ajustes ao longo da jornada, e que ela seria a guardiã do propósito, valores, acordos e combinados, pedindo permissão para ser firme e dura para mantê-los vivos. A tabela a seguir exemplifica um dos alinhamentos de expectativas realizados, no caso o acordado entre Liz e Beth.

Beth – Navegadora	
O que eu pretendo entregar nessa missão	▪ Planejamento da rota e dos itinerários ▪ Monitoramento do clima ▪ Realizar alterações imediatas na rota diante de desvios, tráfego imprevisto ou alterações nas condições da estrada ▪ Gerenciar o tempo de condução e descanso dos motoristas para garantir a segurança e evitar fadiga ▪ Orientar os motoristas sobre quais rotas seguir ▪ Empolgação, bom humor
O que eu espero de você, Liz, em troca	▪ 1.500 dólares ▪ Um valor adicional ao final da expedição, especialmente se a viagem for concluída dentro do cronograma ou com sucesso ▪ Garantia de que terá acesso a equipamentos de navegação de qualidade, como GPS, mapas atualizados e meios de comunicação confiáveis ▪ Permissão para documentar a viagem e usar imagens e dados nas minhas redes sociais

···›

<table>
<tr><th colspan="2">Liz – Líder da missão</th></tr>
<tr><td>O que eu espero de você, Beth, nessa missão</td><td>▪ Definir a rota detalhada até Helsinque, identificando as estradas principais e secundárias a serem percorridas em cada país
▪ Buscar os melhores caminhos, considerando segurança e rapidez, para chegarmos a Helsinque
▪ Levantar informações sobre postos de combustível, oficinas mecânicas e locais seguros para pernoite em cada trecho, especialmente em regiões mais remotas
▪ Monitoramento das condições das estradas e do clima
▪ Fazer ajustes rápidos na rota em caso de desvios, tráfego inesperado ou mudanças nas condições da estrada
▪ Manter um registro diário da posição, distância percorrida, condições das estradas, postos de abastecimento e observações importantes
▪ Identificar pontos de apoio e serviços de emergência ao longo da rota para casos de necessidade, como hospitais, postos de polícia, embaixadas e consulados
▪ Agir de acordo com nossos valores inegociáveis</td></tr>
<tr><td>O que eu estou disposta a te oferecer em troca</td><td>▪ 1.500 dólares
▪ Pagamento integral das despesas durante a expedição, incluindo alimentação, hospedagem, vistos, taxas de fronteira e qualquer custo logístico
▪ Seguro de viagem e saúde: cobertura de saúde e seguro-viagem para proteção em caso de acidentes, doenças ou emergências médicas durante o trajeto
▪ Nomeá-la oficialmente nos registros da expedição e dar-lhe os créditos por sua contribuição
▪ Autonomia para tomar as decisões
▪ Hospedagem de 2 dias em hotel 3 estrelas em Helsinque
▪ Passagem de avião em classe econômica de Helsinque para Cidade do Cabo</td></tr>
</table>

CAPÍTULO 11

Governança

MAPA PARA FORMAÇÃO DE TIMES AUTOGERIDOS

CULTURA DE EMPODERAMENTO	ALINHAMENTO FOCO	ALINHAMENTO CLAREZA	GOVERNANÇA COLETIVA	AMBIENTE DE CONFIANÇA
SER EXPERT EM PESSOAS	FOCAR NO QUE GERA VALOR	DEFINIR O PORQUÊ DO PROPÓSITO	DEFINIR REGRAS BÁSICAS	FACILITAR REUNIÕES
LIDERAR POR MEIO DE PERGUNTAS	DEFINIR ATIVIDADES-CHAVE DE SUCESSO	DEFINIR OS VALORES INEGOCIÁVEIS	MAPEAR E TRATAR PONTOS DF ATRITO E RETRABALHO	DAR FEEDBACKS
SER LÍDER ANTI-HERÓI	IMPLANTAR UMA CULTURA 80/20	DEFINIR OBJETIVOS E METAS COLETIVAMENTE	DEFINIR RESPONSABILIDADES E ALÇADAS DE DECISÃO	TRANSFORMAR CONFLITOS
		ALINHAR AS EXPECTATIVAS		PROMOVER RITUAIS
				TRANSPARÊNCIA
				GESTÃO À VISTA
1	2	3	4	5

Conheci uma profissional que estava seriamente considerando o suicídio. Ela tinha 30 anos e havia alcançado uma ascensão meteórica na empresa em que trabalhava, o que gerou muita inveja, especialmente de um colega mais velho, que ocupava o mesmo nível hierárquico. Esse colega, de maneira maquiavélica, passou cinco anos minando discretamente a confiança dela. Suas agressões eram sutis e ele não deixava rastros, tornando impossível para ela provar que estava sendo vítima de assédio. Mesmo tentando buscar ajuda com o RH da empresa, suas queixas foram ignoradas.

Com o tempo, essa profissional, que antes era ágil e resoluta, começou a perder a confiança em si mesma. Projetos que antes entregava rapidamente passaram a demorar três vezes mais, pois ela os revisava obsessivamente. Sua líder, no entanto, não criava espaços para que os colaboradores expressassem seus sentimentos ou discutissem problemas que os incomodavam.

Os seres humanos têm preferências, comportamentos, desejos e níveis de sensibilidade muito diferentes uns dos outros. Isso se torna evidente quando convivemos intensamente com outra pessoa. Após algum tempo, é praticamente certo que algo no comportamento do outro nos incomodará. O ideal é que esses incômodos sejam discutidos para que ambos encontrem formas de minimizá-los. Agora, imagine essa dinâmica em um ambiente de trabalho com 5 ou 10 pessoas. É impossível evitar desentendimentos, frustrações e interesses conflitantes. Sem um espaço para diálogo aberto, esses atritos podem se transformar em raiva, desengajamento e desunião, comprometendo a formação de um verdadeiro time.

Como líder, é fundamental que você crie espaços onde os incômodos possam ser trazidos à tona, discutidos e resolvidos. Mais que isso, é importante estabelecer acordos e combinados para regular as relações entre os membros da equipe, o que eu chamo de "governança coletiva". O ideal é que esses acordos sejam construídos de forma colaborativa e revisados a cada seis meses.

Aqui, não estamos falando de governança corporativa — relacionada a prestação de contas, equidade e transparência para garantir conduta ética e responsável. A governança coletiva que proponho visa estabelecer acordos práticos entre a equipe, para reduzir atritos, retrabalhos e lentidão nas decisões. Esses combinados ajudarão o time a trabalhar de forma mais harmoniosa e eficiente, minimizando desconfortos e retrabalho.

Não é necessário que as pessoas se amem para formar um time coeso, mas é essencial que ao menos se tolerem.

Estabelecer a governança coletiva com sua equipe te ajudará a:

- Otimizar a comunicação entre todos.
- Deixar claro quem é responsável pelo que e a quem recorrer.

- Aumentar a transparência e a colaboração.
- Diminuir a sobrecarga em algum membro da equipe.
- Melhorar a gestão do tempo e produtividade.

Como sugerido para as outras atividades do mapa de times autogeridos, se possível, construa a governança coletiva envolvendo sua equipe. As pessoas respeitam muito mais o que foi estabelecido quando elas participaram da construção das regras. Elas passarão a responder para elas mesmas e não mais para você. Agora, vamos ver como implementar essa governança coletiva na prática.

Regras básicas de funcionamento

Trabalhei em uma multinacional onde as regras de reembolso de despesas eram pouco claras. Eu gerenciava a equipe comercial e, com frequência, recebia relatórios de despesas questionáveis. Em uma dessas situações, um vendedor me apresentou uma nota de um jantar em uma pizzaria no domingo à noite. Ao questioná-lo, ele afirmou que havia levado um cliente para jantar. Como não havia diretrizes claras, acabei aceitando, embora com certa desconfiança.

Anos depois, liderando uma startup, um dos sócios solicitava reembolso com frequência para cursos que fazia. Isso gerava tensão entre os sócios, pois não estava claro se esse tipo de despesa era justo ou não. Afinal, se um sócio fez um curso pago pela empresa, os demais não teriam direito ao mesmo benefício?

Quando não existem regras mínimas para guiar o que pode ou não ser feito, inevitavelmente surgem confusões. Startups geralmente começam com muita energia, mas poucas normas. Isso funciona bem enquanto a equipe é pequena, mas, conforme a empresa cresce, as confusões e mal-entendidos se multiplicam. Com o tempo, à medida que a empresa amadurece, processos começam a ser implementados. Se a startup sobrevive e se torna uma grande empresa, muitas vezes vai para o extremo oposto, com regras e burocracias para praticamente tudo. É comum que um estagiário em uma empresa de médio porte tenha mais autonomia do que o presidente de uma multinacional, de tão amarrado que o ambiente corporativo pode se tornar.

Os dois extremos são prejudiciais: a ausência de regras ou o excesso delas. Se você trabalha em uma empresa com regulamentações para tudo, tome cuidado para que elas não sufoquem sua equipe. Por outro lado, se você está em uma empresa sem diretrizes, recomendo identificar os temas que mais geram atritos. Aplique a regra 80/20: provavelmente, 80% dos desentendimentos são causados por 20% dos temas. Se você atua em uma unidade dentro de uma organização maior, verifique se já existem regras estabelecidas e, se houver, apresente-as à sua equipe, abrindo espaço para discussão. Se não houver regras, reúna seu time e, juntos, estabeleçam diretrizes básicas, focando os assuntos mais críticos, novamente com base na regra 80/20.

Na nossa startup, por exemplo, criamos uma política de reembolso para cursos, um tema recorrente que estava gerando atritos. Desde então, esse problema foi resolvido e não causou mais conflitos entre nós.

Mapear pontos de atrito

Rafael e Bianca se amavam e decidiram se casar em março de 2021. No entanto, em menos de um ano, já estavam discutindo sobre como se divorciar. Embora o amor entre eles ainda existisse, a falta de entendimento fazia as brigas serem constantes. Às vezes, algo trivial, como um copo sujo deixado na pia, resultava em discussões que duravam dias.

Rafael começou a refletir sobre a situação. Se ele não conseguia manter uma relação a dois funcionando, como poderia liderar uma empresa e gerenciar relações com várias pessoas? Em uma última tentativa de salvar o casamento, o casal decidiu criar uma "constituição" para regular a convivência. Em um dia mais tranquilo, sentaram-se juntos e abriram espaço para uma conversa sincera sobre os comportamentos e as atitudes que mais os incomodavam. A conversa foi difícil, mas necessária. Eles anotaram tudo o que gerava atrito e identificaram os pontos recorrentes.

Um dos problemas levantados foi o fato de Rafael tomar decisões sobre o que fariam juntos sem consultar Bianca, o que a irritava profundamente. Ela costumava engolir o descontentamento sem expressá-lo, seguindo o plano que ele havia traçado. Como isso era algo frequente, resolveram incluir na constituição do relacionamento o artigo 11: "Qualquer decisão que interfira no direito de ir e vir do outro deve ser discutida e acordada, com o direito de discordância".

Ao final do processo, criaram uma constituição com 14 acordos, que ambos assinaram e plastificaram. Esse documento acabou salvando o casamento. Com o passar dos anos, as discussões entre eles praticamente desapareceram, podendo ser contadas nos dedos. Pequenos problemas, como o copo sujo, haviam ganhado um peso desproporcional, pois eram um reflexo de questões mais profundas que não estavam sendo discutidas. Com essa nova abordagem, eles começaram a aconselhar outros casais a fazer o mesmo, e muitos lhes agradeceram, pois suas relações melhoraram significativamente.

Rafael e Bianca seguiram o conselho de José Graciano Dias, que certa vez afirmou: **"A FAMÍLIA TALVEZ SEJA A INSTITUIÇÃO QUE MAIS PRECISE DE GOVERNANÇA"**. Se dois indivíduos que se amam têm atritos, imagine o quanto de desentendimento pode haver em um ambiente de trabalho, onde várias pessoas, muitas vezes com personalidades e interesses diferentes, convivem sob alta pressão. No trabalho, esses atritos podem ser silenciosos ou explícitos, dependendo do perfil da equipe. Muitas pessoas sofrem em silêncio, chegando a pedir demissão por questões que, isoladamente, podem parecer pequenas, mas que se acumulam ao longo do tempo.

Esse exemplo demonstra que, assim como em um relacionamento pessoal, no ambiente profissional é essencial criar espaços para diálogo e governança, evitando que problemas pequenos se transformem em motivos para ruptura.

Abra espaço para sua equipe elaborar sua própria constituição

Assim como Rafael e Bianca criaram uma constituição para regular a convivência em seu casamento, você pode abrir espaço para que sua equipe elabore algo semelhante para sua área. Tive a oportunidade de facilitar o início desse processo com uma equipe técnica da Biofast, uma rede de laboratórios de análises clínicas e imagem. Após uma preparação inicial, explicando o propósito do exercício e estabelecendo regras claras (como evitar ataques pessoais e acusações), pedi para que cada pessoa escrevesse os assuntos que geravam atritos ou retrabalho na equipe.

A lista que surgiu foi ampla, abordando problemas como falhas de comunicação, interrupções constantes e diversas questões ligadas às reuniões internas. Alguns exemplos dos tópicos levantados foram:

- Conversas cruzadas e fofoca.
- Falhas de comunicação, especialmente em projetos novos, sem que as áreas afetadas fossem informadas.
- Falhas na descrição de processos, com cada coordenador alinhando algo apenas com sua equipe e não comunicando às demais.
- Atrasos no início de atividades e reuniões.
- Ser interrompido constantemente por estarem em baias expostas.
- Interrupções desnecessárias em momentos que exigem concentração.
- Desrespeito ao tempo marcado nas reuniões.
- Falta de escuta ativa durante as reuniões.
- Desatenção ao final de reuniões, com alguns não absorvendo as informações discutidas.

A equipe escolheu coletivamente os três itens mais críticos e recorrentes, e juntos pensaram em soluções para minimizá-los. A gestora da área destacou que o processo foi fundamental, pois antes as pessoas se sentiam intimidadas para falar sobre seus incômodos e, quando o faziam, muitas vezes surgiam ataques pessoais, gerando ressentimentos. Com esse espaço estruturado, os debates se tornaram mais maduros e sem ataques, e os atritos emergiam de forma natural e construtiva. Como resultado, a equipe ficou mais unida e produtiva.

Se você deseja realizar esse processo com sua equipe, escolha um momento de calmaria, como sugere Rafael Somera, da Solutudo: **"É EM DIAS DE SOL QUE SE TROCAM AS TELHAS DA CASA".** Fazer isso em momentos de alta tensão pode gerar mais conflitos e tornar o processo contraproducente.

Para conduzir a reunião, comece com um *check-in*, permitindo que todos expressem o que estão sentindo no momento. Em seguida, explique claramente o propósito do encontro e os objetivos que devem ser alcançados. Estabeleça a governança da reunião, deixando claro que esse não é um espaço para ataques pessoais, mas sim para a construção de soluções. Peça que cada membro da equipe escreva em um papel os pontos que geram atritos ou retrabalho na área, e dê tempo para reflexão. Recolha os papéis e escreva os itens em um *flip-chart* ou outro local que todos possam ver. A ideia é despersonalizar o item, para diminuir a carga emocional negativa.

Anote todos os pontos levantados e, com a equipe, selecione os três mais críticos (seguindo o princípio 80/20, em que 80% dos problemas vêm de 20% dos fatores). Analise cada um desses pontos com a equipe para selecionar apenas aqueles que ela tem autonomia para resolver. É importante lembrar que alguns problemas podem ser decorrentes de ações da matriz da empresa ou de fatores externos que estão além do controle da equipe.

A partir daí, trabalhem juntos em soluções e acordos para minimizar somente os pontos de atrito e retrabalho que estão sob o controle da equipe. Os itens acordados devem ser formalizados como "artigos" da constituição da equipe, regulando processos e tomadas de decisão.

Esses acordos podem ser materializados em um documento físico ou disponibilizados digitalmente, por meio de intranet ou outro sistema da organização. O essencial é que todos tenham acesso e possam consultá-los em momentos de indecisão ou conflito. Idealmente, esse exercício deve ser revisitado a cada seis meses, para verificar se os acordos ainda fazem sentido.

Definir responsabilidades e alçadas de decisão

Ocorreu um impasse significativo entre a área de RH e o fundador em uma empresa varejista brasileira. Após meses de trabalho, o RH desenvolveu um programa de treinamento para seus executivos, em parceria com a equipe de marketing, que também criou um logotipo para a campanha. Durante uma reunião de diretoria em que estive presente como facilitador, o logotipo e a campanha foram apresentados. O fundador expressou sua insatisfação com o logotipo e pediu para revê-lo. A frustração e o desânimo tomaram conta da equipe de RH, especialmente porque o lançamento estava programado para dali dois dias. O fundador, uma pessoa extremamente ocupada, comprometeu-se a revisar o logotipo, mas só poderia fazê-lo em uma semana. Relutantes, as executivas de RH aceitaram.

Percebi que a empresa não tinha uma definição clara sobre os limites da participação da diretoria e do fundador nas decisões de RH. Sugeri que mudássemos a pauta da reunião para discutir e definir as alçadas de decisão da área. Iniciamos esse processo ali mesmo e, ao final do encontro, o fundador reconheceu que a revisão do logotipo ou o conteúdo dos treinamentos não deveriam ser sua responsabilidade. Ele desistiu de revisar o logo, permitindo que o RH lançasse a campanha no prazo para grande alívio da equipe.

Nos encontros subsequentes, foram estabelecidas regras claras sobre o envolvimento do fundador e da diretoria nas decisões de RH. Ficou decidido que o fundador só participaria de questões relacionadas a denúncias, assédio, gestão de crises e à marca da empresa. Os diretores de outras áreas seriam envolvidos apenas nas decisões sobre movimentações de lideranças e aprovação de projetos com grande impacto financeiro. Além disso, decisões que afetassem toda a área seriam tomadas com a participação do time completo de RH. Essas definições reduziram atritos, aliviaram a equipe de RH e aumentaram a agilidade nos processos.

A definição coletiva das alçadas de decisão é um dos princípios fundamentais para formar um time autogerido. O processo de tomada de decisão pode tanto engajar quanto desengajar as pessoas. Quanto mais pessoas forem envolvidas em uma tomada de decisão, maior o engajamento, porém o processo tende a ser mais lento. Por outro lado, decisões e responsabilidade centralizadas trazem mais agilidade, mas podem reduzir o engajamento. Encontrar o equilíbrio entre essas duas forças é essencial para o sucesso de uma equipe ou empresa.

Sugiro que você construa o processo de tomada de decisão com sua equipe e as lideranças, considerando o nível de impacto e os envolvidos. Algumas decisões, principalmente aquelas que afetam diretamente toda a equipe ou área, devem, quando possível, ser feitas de forma coletiva. Esse envolvimento aumenta o senso de pertencimento e a motivação do time, mas também pode tornar o processo mais lento. É importante avaliar o contexto: certas decisões, especialmente as mais impopulares ou estratégicas, podem precisar ser tomadas exclusivamente por você ou por outros níveis de liderança.

A seguir está uma proposta de estrutura de alçadas para ajudar a definir quem deve tomar cada tipo de decisão:

Tipo de decisão	Nível de impacto	Quem deve decidir	Considerações
Decisões operacionais e rotineiras	Baixo impacto, baixo risco, rotineiras e alinhadas com o propósito da área	Pessoa diretamente envolvida no processo. Se experiente, dar total autonomia. Se inexperiente, decida com ela	Dar autonomia para essas decisões traz agilidade e engajamento
Decisões com impacto alto na área ou empresa	Atingem grande parte da equipe, envolvem grandes riscos ou são estratégicas	Idealmente, toda a equipe deve ser envolvida na decisão, com o gestor. Se necessário, também consulte seu líder	Torna o processo mais lento, mas gera maior comprometimento na execução
Decisões confidenciais ou impopulares	Alto risco, assuntos sensíveis ou difíceis de serem aceitos	Decididas exclusivamente por você ou lideranças acima	Tem o risco de desengajar a equipe. Explicação clara do contexto e das razões é essencial para minimizar o desengajamento

Essa tabela auxilia a equilibrar entre agilidade e participação. Ao delegar mais para decisões operacionais e envolver mais pessoas nas estratégias, você cria um ambiente de maior confiança e responsabilidade, enquanto mantém a eficiência necessária.

As decisões relacionadas a tarefas, processos ou projetos que são rotineiros, operacionais, de baixo risco e alinhados com o propósito da área ou empresa, devem ser tomadas pela pessoa diretamente envolvida. Se essa pessoa for experiente, você, como gestor, pode delegar a decisão com total confiança, sem necessidade de supervisão. Caso a pessoa seja inexperiente ou ainda não tenha sua confiança, acompanhe de perto o processo, usando essa oportunidade para treiná-la. Delegar autonomia em tarefas desse tipo aumenta a agilidade da área e o engajamento do colaborador.

Quando a decisão tem impacto em toda a área ou empresa, envolve grandes riscos ou é de natureza estratégica, o ideal é envolver toda a equipe no processo, se possível. Dependendo da relevância, também é recomendável consultar seu líder. Embora isso torne o processo mais demorado, promove maior engajamento e comprometimento na execução das ações.

Por fim, decisões confidenciais, sensíveis ou impopulares devem ser tomadas por você ou por líderes acima de você. Essas geralmente são as mais desafiadoras, pois podem gerar descontentamento ou desengajamento. Portanto, é essencial comunicar com clareza o contexto e os motivos por trás dessas decisões. A rapidez com que essas decisões serão tomadas dependerá da disponibilidade de você ou de seu líder para se dedicar à análise e deliberação sobre o tema.

Use a matriz RACI

Uma ferramenta eficaz para auxiliar no processo de governança é a matriz RACI, que organiza e estrutura o trabalho de maneira clara. Desenvolvida após a Segunda Guerra Mundial, com a metodologia Lean, a matriz RACI ajuda a definir o nível de envolvimento e a designar responsabilidades para cada membro da equipe em relação às atividades do departamento.

A matriz é composta por uma tabela em que as responsabilidades são atribuídas com base no acrônimo RACI:

- **R** (Responsável): o indivíduo que possui a responsabilidade direta pela execução da atividade e será cobrado pelo seu sucesso.
- **A** (Aprovador): a pessoa que revisa e aprova se a atividade foi concluída de forma satisfatória, garantindo que os padrões foram atendidos.
- **C** (Consultado): um especialista no assunto que é consultado durante o processo. Pode ser você, como líder, ou outra pessoa experiente no tema.
- **I** (Informado): aqueles que precisam ser mantidos atualizados sobre o progresso ou a conclusão da atividade, mas que não participam ativamente da execução.

Além disso, você pode incluir o "S" (Substituto), que assume a responsabilidade caso o "R" (Responsável) esteja ausente.

Para aplicar a matriz, liste todas as atividades do projeto nas linhas da tabela e, nas colunas, os nomes das pessoas que estarão envolvidas. Um exemplo prático de como a matriz é usada para atribuir responsabilidades no departamento de RH de uma empresa de médio porte está na imagem a seguir.

A matriz RACI traz clareza ao processo decisório e contribui para uma execução mais eficiente, distribuindo responsabilidades de forma objetiva e organizada.

Matriz RACI de um departamento de RH:

	OLÍVIA ANALISTA	BRUNO ANALISTA	INÊS RH	ELLA ADM	GREG FINANCEIRO	FELIX CEO
CAMPANHA	R	S	A			
CONTEÚDO	S	R	C			
PROMOÇÕES			R	C	A	
CONTRATAÇÕES			I	C	A	
GESTÃO DE CRISE			I	C	I	R

A matriz RACI é uma ferramenta extremamente simples de usar, mas de grande impacto. Sempre que vejo equipes trabalhando de forma descoordenada, sugiro sua implementação. Recentemente, propus isso a um escritório de advocacia que enfrentava reclamações frequentes de seus clientes, insatisfeitos com a demora nas respostas às suas solicitações. A principal dificuldade era a falta de clareza entre os advogados sobre quem deveria atender às demandas dos clientes, tanto por e-mail quanto por telefone.

Já nos primeiros cinco minutos do processo de criação da matriz RACI, ficou evidente o quão desorganizado estava o fluxo de atendimento. A ferramenta trouxe clareza imediata para todos em relação a diversas atividades. Agora, quando o telefone toca, todos sabem exatamente quem deve atender. Da mesma forma, quando um cliente envia uma mensagem pelo WhatsApp corporativo, há uma definição clara de quem é responsável por responder. O resultado foi uma melhoria significativa na eficiência e na satisfação dos clientes.

A construção dos dados da matriz deve incluir as pessoas envolvidas nas atividades. Usar a matriz RACI em um processo top-down (por exemplo, você como líder definir sozinho quem faz o que e depois impor a sua equipe) poderá gerar uma grande insatisfação. A mágica acontece quando todos os envolvidos participam da elaboração da matriz e concordam com o que foi decidido para eles fazerem.

RESUMO DO CAPÍTULO

- Se dois indivíduos que se amam têm atritos, imagine o quanto de desentendimento pode haver em um ambiente de trabalho, onde várias pessoas, muitas vezes com personalidades e interesses diferentes, convivem sob alta pressão.
- Muitas pessoas sofrem em silêncio, chegando a pedir demissão por questões que, isoladamente, podem parecer pequenas, mas que se acumulam ao longo do tempo.
- Abra espaço para sua equipe expressar o que os incomoda em relação ao grupo.
- Peça que cada membro da equipe escreva em um papel os pontos que geram atritos ou retrabalho na área, e dê tempo para reflexão.
- Anote todos os pontos levantados e, com a equipe, selecione os três mais críticos.
- A partir daí, trabalhem juntos em soluções e acordos para minimizar esses atritos e retrabalho.
- Os itens acordados devem ser formalizados como "artigos" da constituição da equipe, regulando processos e tomadas de decisão.
- A definição coletiva das alçadas de decisão é um dos princípios fundamentais para formar um time autogerido.
- Uma ferramenta eficaz para auxiliar no processo de governança é a matriz RACI, que organiza e estrutura o trabalho de maneira clara.

Da Cidade do Cabo a Helsinque em menos tempo

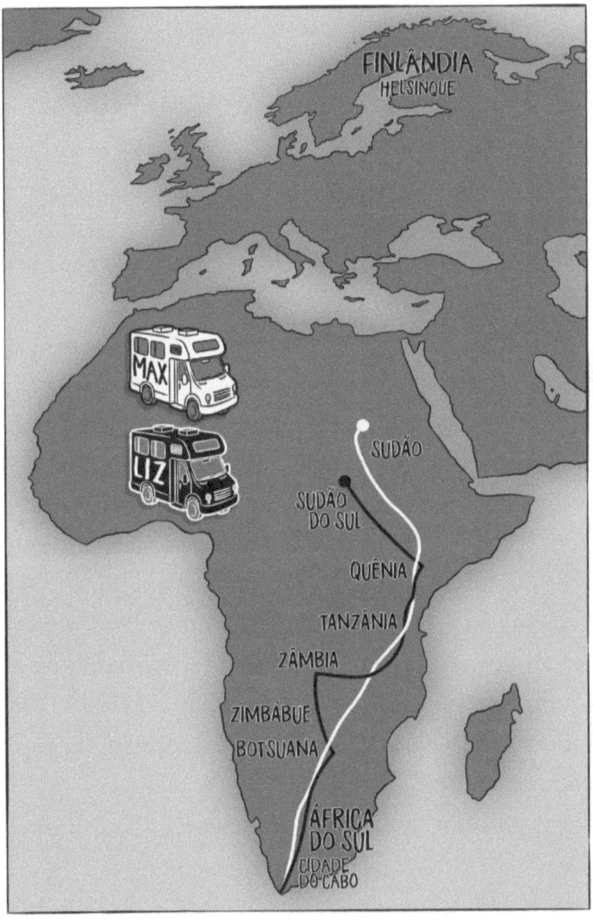

A viagem para Port Elizabeth revelou desafios inesperados. O tanque de água do banheiro limitava os banhos a três pessoas por dia, certos alimentos impregnavam o ar com odores desagradáveis e a paixão de Mark por heavy metal entrava em conflito com o desgosto de Christie pelo gênero.

Antes da partida oficial, Liz propôs uma dinâmica para identificar os pontos positivos e negativos da viagem. Em *post-its* anônimos, a equipe compartilhou suas impressões, que foram organizadas por temas. Após um debate aberto, um documento com acordos e regras de convivência foi elaborado, abordando temas como:

- *Playlist*.
- Tempo e escala para banho e uso do banheiro.
- Alimentação a bordo.
- Limpeza e lixo.
- Valores diários de gastos.
- Privacidade e assédio.
- Roupas e higiene pessoal.

Finalmente, o dia da largada havia chegado. As duas equipes se encontraram diante da majestosa Table Mountain, onde os *motorhomes* foram alinhados milimetricamente, lado a lado. Liz e Max trocaram um cumprimento formal, registraram o momento com algumas fotografias e desejaram sorte um ao outro, em um gesto de cortesia. Aquele seria o último contato entre eles até a chegada em Helsinque. Às nove horas em ponto, os motores rugiram e os dois ônibus partiram em direção ao norte. Max, determinado a impor sua vantagem desde o início, ordenou ao motorista que acelerasse. Os dois veículos seguiram juntos apenas até a saída da cidade. Na estrada para Johannesburgo, Liz viu o *motorhome* de Max se distanciar rapidamente, desaparecendo no horizonte.

Após passar por Pretória, ainda na África do Sul, Liz e sua equipe cruzaram o Zimbábue.

Percorreram os 800 quilômetros de sul a norte do país em dois dias, levando 50% a mais de tempo do que a equipe de Max. Beth desenhou uma rota para que passassem pelo Parque Nacional Hwange e as Cataratas de Vitória na fronteira com a Zâmbia. Isso consumiu um pouco mais de tempo, mas seguiram no propósito de que a viagem proporcionasse experiências e aprendizados para todos.

A travessia pelo primeiro país foi uma experiência enriquecedora. Conforme o combinado, a equipe fez paradas em dois vilarejos, onde Christie conversou com as crianças locais sobre a expedição, compartilhando ideias sobre propósito de vida e ensinando-as sobre a cultura africana.

A equipe seguia conectada e empolgada com tudo o que experienciaram. Ao chegarem à Tanzânia depois de cruzarem a Zâmbia, Liz percebeu uma queda na conexão do grupo e uma mudança considerável no humor das pessoas. Ela havia testemunhado que Lucas, o segurança, mais de uma vez havia sido desrespeitoso com a Beth e a Christie. Ela conversou em particular com Lucas, lembrando-lhe sobre o valor inegociável "respeito", que eles haviam construído coletivamente. Ele se prontificou a melhorar seu comportamento.

No dia seguinte ele se comportou como um cavalheiro. Porém, à noite ele assediou Beth, que ficou constrangida. O clima no dia seguinte ficou péssimo, e Liz decidiu dispensar Lucas. Ela reuniu a equipe, contou os motivos e todos concordaram. Todos ficaram aliviados, mas também preocupados com a segurança do grupo. Eles muitas vezes paravam o ônibus à noite em locais perigosos, e a presença de um segurança armado dava uma sensação de alívio.

Sabiam também que uma pessoa a menos na chegada descontaria 24 horas. Liz abriu para todos opinarem e chegaram ao consenso de que buscariam alguém para repô-lo. Mark, o mecânico, lembrou de um amigo que seguiu carreira no exército, mas como enfermeiro. Ele não era um soldado, mas certamente sabia atirar e conhecia bastante sobre guerrilha. Liz pediu para Mark contatá-lo para ver se ele estaria disponível e se o propósito o cativava.

À noite, Liz reuniu a equipe para revisar e atualizar a lista de acordos e combinados que montaram antes da partida. Liz pediu que cada um opinasse se os acordos estavam sendo cumpridos. Após todos se ouvirem, observaram que o que haviam combinado sobre comida a bordo, limpeza e lixo não estava funcionando. O grupo sugeriu um novo processo para esses itens, que foi registrado no documento de acordos.

Liz pediu então para que a equipe pensasse se havia outros itens fora da lista que estavam causando atrito no grupo, ou gerando atrasos e os impedindo de seguirem mais rápidos. Ela pediu para que todos anotassem em um *post-it* o que cada um achava e colasse na lateral do ônibus. Foram levantados seis novos pontos.

Questão	Impacto	Está sob nosso controle?	Ação/acordos
Local de pernoite fora de postos ou lugares de camping	Perigo de segurança, o que poderia atrasar o grupo	Sim	Mesmo que tenham de desviar alguns quilômetros, sempre pararão em locais seguros
Tipo de alimentação não está agradando a todos	Duas pessoas não comem carne e não têm sido propostas alternativas vegetarianas	Sim	Quando cozinharem, definirão o cardápio coletivamente
Processos de fronteira e imigração	Atrasos	Não	
Rituais religiosos	Orações em tom alto incomodando	Sim	As orações serão feitas nos locais de parada e não dentro do ônibus
Temperatura do ar-condicionado	Duas pessoas que sentem mais frio e duas que sentem mais calor	Sim	Comprar roupas de frio no caminho para as duas pessoas que sentem frio
Chuva no caminho	Diminuição na velocidade	Não	

Para as questões que tinham controle, Liz pediu para que a própria equipe achasse soluções. Essas questões e soluções foram adicionadas no documento de acordos e combinados.

Max seguia eufórico, com as metas sendo cumpridas à risca. A entrada no Sudão do Sul ocorreu com apenas cinco horas de atraso em relação ao cronograma. Embora percebesse o crescente estresse entre os membros da equipe, ele o atribuía à natureza desafiadora da jornada. Pequenos desentendimentos surgiam, mas Max os resolvia prontamente, evitando que escalassem. A eficiência e o conhecimento de Max estavam dando resultado, e eles já estavam 800 quilômetros à frente de seus concorrentes.

Enquanto isso, a equipe de Liz conduzia uma entrevista minuciosa com Tim, o enfermeiro indicado por Mark para substituir Lucas como segurança. Impressionado com o propósito da expedição, Tim prontamente aceitou o convite para se juntar ao grupo. Suas qualificações técnicas eram impecáveis, e Liz confirmou que ele compartilhava os valores inegociáveis da equipe. Acordaram que Tim voaria até o Sudão, onde se encontraria com o restante do grupo.

A travessia por Uganda se mostrou mais demorada do que o previsto. Apesar dos acordos e combinados terem minimizado os conflitos, Liz notou uma lentidão na tomada de decisões e uma negligência em relação a algumas tarefas importantes. O alinhamento de expectativas realizado antes da partida parecia insuficiente para resolver o problema. Ao longo da viagem, tornou-se evidente que muitas atividades careciam de um responsável definido, e alguns membros hesitavam em agir sem a aprovação de Liz.

Em busca de uma solução, Liz se recordou de um workshop sobre gestão que havia participado quando era executiva, no qual aprendeu sobre uma ferramenta para definir responsabilidades e níveis de autoridade. Após uma breve pesquisa online, identificou a matriz RACI. Naquela noite, Liz reuniu a equipe, e, em conjunto, iniciaram a construção da matriz. O primeiro passo foi listar todas as atividades rotineiras da expedição.

Após identificarem cinquenta tarefas essenciais, o grupo definiu, para cada uma delas, quem seria o Responsável, quem Aprovaria, quem seria Consultado e quem seria Informado, além de designar um Substituto para os casos de ausência ou indisponibilidade.

A tabela a seguir mostra um pequeno pedaço da matriz RACIS definida pela equipe.

Atividade	Liz	Chris	Beth	John	Mark	Tim
Limpeza antes da partida					R	R
Organizar, guardar e verificar documentos	I	R				
Definição do cardápio do jantar a bordo	I	R	R	C	C	C
Contactar escolas e faculdades para oferecer palestras		R	S			

R: Responsável; A: Aprovador; C: Consultado; I: Informado; S: Substituto.

CAPÍTULO 12

Ambiente de confiança – Facilitar reuniões

MAPA PARA FORMAÇÃO DE TIMES AUTOGERIDOS

CULTURA DE EMPODERAMENTO	ALINHAMENTO FOCO	ALINHAMENTO CLAREZA	GOVERNANÇA COLETIVA	AMBIENTE DE CONFIANÇA
SER EXPERT EM PESSOAS	FOCAR NO QUE GERA VALOR	DEFINIR O PORQUÊ DO PROPÓSITO	DEFINIR REGRAS BÁSICAS	FACILITAR REUNIÕES
LIDERAR POR MEIO DE PERGUNTAS	DEFINIR ATIVIDADES--CHAVE DE SUCESSO	DEFINIR OS VALORES INEGOCIÁVEIS	MAPEAR E TRATAR PONTOS DE ATRITO E RETRABALHO	DAR FEEDBACKS
SER LÍDER ANTI-HERÓI	IMPLANTAR UMA CULTURA 80/20	DEFINIR OBJETIVOS E METAS COLETIVAMENTE	DEFINIR RESPONSABILIDADES E ALÇADAS DE DECISÃO	TRANSFORMAR CONFLITOS
		ALINHAR AS EXPECTATIVAS		PROMOVER RITUAIS
				TRANSPARÊNCIA
				GESTÃO À VISTA
1	2	3	4	5

Você já definiu com sua equipe o destino e a placa do ônibus, quem embarcará e quem ficará de fora, o trajeto a seguir, quem ocupará cada assento, o que é esperado de cada um, as prioridades da viagem e as regras de convivência e responsabilidades. Agora, falta criar um ambiente dentro do ônibus onde as pessoas possam se conectar, sentir-se seguras para expressar suas opiniões de forma autêntica, e assim se sentirem parte do grupo, engajadas e motivadas a dar seu melhor.

É igualmente importante definir as paradas ao longo do percurso, momentos em que a equipe poderá se reunir para verificar se o caminho traçado está de fato levando ao destino desejado, celebrar os avanços, ajustar a rota quando necessário e fortalecer os laços de colaboração.

Entre 2012 e 2014, o Google conduziu um estudo com 180 equipes para identificar os fatores que mais influenciam a alta performance. O projeto, chamado Aristóteles, revelou que o fator mais importante é a segurança psicológica — quando as pessoas se sentem à vontade para expressar suas opiniões, discordar, fazer perguntas, admitir erros e defender seus pontos de vista. Além disso, outros quatro fatores-chave foram identificados, em ordem de importância: confiabilidade, estrutura e clareza, propósito e impacto.

Uma das melhores ferramentas que conheço para promover segurança psicológica é a mente coletiva em reuniões. Neste capítulo, você aprenderá a utilizá-la para tornar suas reuniões mais produtivas, encorajando sua equipe a se sentir cada vez mais segura para se posicionar.

Também é fundamental cultivar uma cultura de feedbacks e conflitos construtivos. Rituais desempenham papel central na transformação de um grupo em um time. Por fim, para estimular uma verdadeira colaboração e comprometimento, é essencial que haja um alto nível de transparência.

Reuniões facilitadas

Provavelmente você já participou, ou ao menos ouviu falar, de uma reunião de condomínio. Se ainda não teve essa experiência, recomendo que participe de pelo menos uma antes de morrer. Essas reuniões são verdadeiras aulas sobre as complexidades das relações humanas. Eu já estive em muitas, e todas, sem exceção, foram um caos. As pessoas só não partem para a agressão física porque sabem que, no dia seguinte, vão se encontrar no elevador.

Normalmente, há dois ou três grupos formados com interesses completamente opostos, prontos para a batalha. Dias antes, as articulações já começam em grupos paralelos de WhatsApp, seja para defender, seja para derrubar o síndico. De repente, você recebe uma ligação de moradores com quem nunca trocou uma palavra, tentando recrutá-lo para se juntar ao "movimento contra a síndica". E, se descobrem que você não vai comparecer à reunião, é provável que já te enviem uma procuração para votar em algo que você nem sabia que estava na pauta.

Essas são as reuniões agitadas, em que pelo menos as pessoas aparecem para brigar. Mas também existem aquelas que só contam com o síndico e mais três ou quatro moradores desinteressados. Nesse caso, o clima é de constrangimento total, dado o desdém da maioria pelos assuntos do prédio.

Quando a reunião está lotada, o pior do ser humano costuma emergir. Ninguém escuta ninguém, as pessoas se exaltam, gritam e se interrompem constantemente. Dependendo da personalidade do síndico, ele acaba acuado e na defensiva, ou tenta se impor gritando ainda mais alto que os outros. Depois de três horas de caos, a sensação que fica é a de ter participado de uma catarse coletiva — muito desabafo, mas poucos problemas resolvidos.

No meio corporativo, são raras as reuniões cotidianas que chegam a esse nível. Porém, há algumas semelhanças e outros aspectos em que elas são até piores. Nas de condomínio pelo menos há uma ata e uma definição de assuntos prévios a serem discutidos.

Sempre que me envolvo em um novo projeto de transformação cultural em uma organização, a primeira coisa que faço é participar como ouvinte de uma de suas reuniões cotidianas. Peço para que não sejam reuniões de conselho nem *squads* que usem a metodologia ágil, que costuma fazer com que as reuniões sejam mais organizadas e bem conduzidas. Fora desse contexto, no entanto, é quase certo que os encontros serão mal gerenciados. São alguns padrões que frequentemente observo nessas reuniões:

- Muitas pessoas estão desconectadas, pensando ou fazendo algo completamente diferente do que está sendo discutido.

- Participantes entram e saem da reunião no meio do processo.
- As reuniões começam depois do horário marcado e frequentemente se estendem além do tempo previsto.
- Atrasados chegam sem serem devidamente informados do que já foi discutido.
- Um pequeno grupo monopoliza as falas e as discussões.
- As pessoas interrompem umas às outras antes de quem está falando conseguir concluir seu raciocínio.
- Alguns entram e saem da reunião sem dizer uma palavra.
- Não há uma pauta clara e, mesmo quando há, costuma-se fugir do assunto proposto.
- Alguém sempre acaba repetindo o que já foi dito por outra pessoa.
- Ao final, muitos saem sem entender o verdadeiro propósito da reunião.

Esses problemas, somados, tornam as reuniões desorganizadas e pouco produtivas, desperdiçando o tempo de todos os envolvidos.

De acordo com uma pesquisa recente da *Harvard Business Review* com mais de 180 gestores seniores, 71% consideram as reuniões improdutivas e ineficientes. Além disso, 65% afirmam que não conseguem realizar suas próprias tarefas em virtude do excesso de reuniões, e 64% dizem que essas interrupções prejudicam o pensamento estratégico. Embora possa parecer que algumas reuniões curtas ao longo do dia não façam mal, na prática elas atrapalham a produtividade e resultam em perdas financeiras para as empresas. Se fizermos as contas, desperdiçamos cerca de 10 horas por semana em reuniões mal organizadas. Isso ocorre porque a maioria das pessoas não foi treinada para conduzir encontros de forma eficiente. É raro encontrar líderes que realmente saibam como facilitar uma reunião produtiva.

Sem essa habilidade, todo o esforço de formar um time autogerido desmorona. Reuniões malconduzidas desengajam os membros, criam a sensação de desperdício de tempo, enfraquecem a união do time e, em casos extremos, geram conflitos entre os participantes — tudo o que um líder deve evitar.

Na Open Leaders, empresa que ajudei a fundar, desenvolvemos a metodologia de facilitação chamada Mente Coletiva, uma ferramenta simples, mas extremamente poderosa, que transforma reuniões em momentos muito mais produtivos e eficazes.

Desde 2017, sou frequentemente contratado para facilitar reuniões de planejamento estratégico, ideação, acompanhamento de desempenho e inovação, entre outros temas. Já facilitei mais de 700 reuniões em dezenas de empresas, sempre utilizando a Mente Coletiva como base para garantir a máxima eficiência e engajamento.

Ela é baseada em quatro pilares:

- Conexão.
- Propósito.
- Governança.
- Desapegar do ego.

Conexão

Durante uma reunião, Ana, uma das participantes, manteve uma expressão fechada durante todo o encontro. Carlos, um dos gerentes da empresa, ficou visivelmente incomodado, pois, enquanto apresentava suas ideias sobre um tema específico, notou a expressão de descontentamento de Ana. Ele presumiu que ela tinha odiado sua proposta, o que criou um clima de tensão que perdurou até o fim da reunião. Antes do término, Ana pediu para se retirar, e Carlos, irritado, reclamou com seu chefe, que também estava presente, alegando que Ana era contra suas ideias e o estava perseguindo.

No entanto, mais tarde foi esclarecido que Ana estava sofrendo de uma forte enxaqueca e enfrentava uma grande tristeza por causa de um problema pessoal. Por essa razão, sua expressão parecia fechada e ela evitava falar, pois isso agravava sua dor de cabeça. Ela confessou que, em razão do desconforto, não conseguiu se concentrar na reunião e saiu ainda mais confusa do que havia chegado.

Como facilitador de diversas reuniões, já presenciei muitas situações em que alguns participantes estavam emocionalmente abalados. Veja, por exemplo, o gráfico a seguir, que mostra a avaliação emocional e física dos participantes de uma reunião real em que conduzi essa checagem.

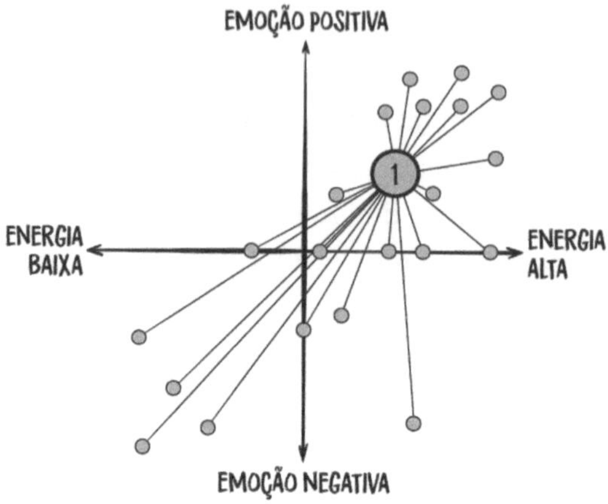

Gráfico 1 Como você está entrando na reunião hoje?

Observe que, no gráfico, sete pessoas estavam emocionalmente em frangalhos (no quadrante inferior). Isso tem se tornado cada vez mais comum, à medida que aumenta o número de pessoas fragilizadas, com desequilíbrios emocionais ou altos níveis de ansiedade. Quando essas pessoas estão emocionalmente abaladas ou ansiosas para concluir outras tarefas e são obrigadas a participar de uma reunião, suas mentes estarão ocupadas com seus próprios problemas e preocupações. Qual é a chance de se conectarem com a atividade proposta ou com o assunto em discussão? Quase nenhuma. Se essas pessoas não forem acolhidas, estarão presentes apenas fisicamente, sem engajamento real. E se isso já acontece em reuniões presenciais, nas reuniões online o problema se intensifica ainda mais.

Um dos pilares para o sucesso de uma reunião é a conexão entre os participantes. Se não houver um espaço para acolher quem não está bem, essas pessoas permanecerão desconectadas ou ocupadas com atividades paralelas. Por isso, todas as reuniões deveriam começar com um momento dedicado a conectar as pessoas.

Uma maneira eficaz de promover essa conexão é realizar um *check-in*. Reserve um espaço no início da reunião para que cada participante compartilhe como está se sentindo emocional e fisicamente. Sentimentos despertam a curiosidade das pessoas, e geralmente paramos o que estamos fazendo para ouvir alguém falar sobre suas emoções. Isso também faz com que os participantes façam uma autoanálise, pois sabem que em algum momento terão de se expor ao grupo. Aqueles que estão passando por emoções negativas têm a oportunidade de aliviar um pouco suas preocupações ao compartilhá-las e, ao fazer isso, conseguem se conectar com o grupo, especialmente quando são acolhidos.

Já testemunhei centenas de vezes pessoas que estavam emocionalmente destruídas no início da reunião serem acolhidas e, em seguida, participarem de forma ativa, saindo da reunião melhor do que entraram. Essa é uma técnica simples, mas extremamente poderosa.

Desde 2020, tenho facilitado reuniões com o time executivo da Multicoisas, e sempre utilizamos a prática da Mente Coletiva. Com o tempo, essas práticas foram absorvidas pela empresa, tornando-se parte integrante de sua cultura. Nas reuniões, além de todos compartilharem seus sentimentos no início, também fazemos um momento de respiração para que os participantes deixem de lado seus problemas, se conectem primeiro consigo mesmos e, depois, com o grupo. Se por acaso eu começo uma reunião sem incluir a respiração, Lindolfo, o fundador da empresa, não hesita em me chamar a atenção. Como ele costuma dizer: "O *check-in* pode parecer algo trivial, mas faz toda a diferença. Ele conecta as pessoas de forma humana, cria um ambiente seguro, vulnerável e colaborativo, e isso impulsiona a inovação".

Recomendo que o *check-in* seja feito em todas as reuniões com duração de pelo menos uma hora. Se houver muitos participantes ou pouco tempo, é possível adaptar o processo, utilizando ferramentas como o Mentimeter (o Gráfico 1 foi gerado por essa ferramenta), no qual as pessoas podem se classificar em uma escala de 1 a 5 sobre como estão se sentindo emocional e fisicamente. Se muitos estiverem se sentindo mal, vale a pena dedicar parte do tempo da reunião para acolhê-los. Acredite: investir 30 minutos em trocas e acolhimento tornará os outros 30 minutos muito mais produtivos do que uma reunião de 60 minutos com pessoas desconectadas. Além disso, essa prática vai gradualmente fortalecendo a confiança e o senso de pertencimento no grupo.

No início, não se surpreenda se os participantes não se abrirem muito ou resumirem seus sentimentos a respostas como "estou bem" ou "estou ok". Nossa cultura não nos ensina a falar sobre sentimentos. No Brasil, a pergunta inicial de conversas costuma ser o clássico "tudo bem com você?", e a resposta esperada é quase sempre um "tudo bem, e você?". Raramente queremos saber de fato como a pessoa está se sentindo, já que isso virou uma convenção social. No entanto, deveríamos perguntar "como você está se sentindo?" em vez de "tá tudo bem?".

Para que sua equipe comece a se abrir, é importante que você, como líder ou facilitador, dê o exemplo. Mostre-se vulnerável. Quando você deixa de lado a "capa de herói" e compartilha suas próprias vulnerabilidades, os outros se sentirão mais à vontade para fazer o mesmo. Se em algum dia você realmente não estiver bem, seja sincero e divida isso com o grupo.

O *check-in* tem como principal objetivo acolher quem não está bem. De nada adianta alguém compartilhar que está se sentindo muito mal e você simplesmente ouvir sem oferecer apoio. No entanto, o *check-in* também não deve se transformar em uma sessão de terapia. Pergunte à pessoa se ela precisa de algo, se está em condições de participar da reunião e ofereça-se para conversar após o encontro, caso necessário. Na maioria dos casos, o simples fato de poder falar e sentir-se acolhida pelo grupo já será suficiente para que a pessoa se sinta conectada e participe de forma ativa. Além disso, o grupo saberá que, se aquela pessoa estiver com uma expressão séria ou "cara amarrada", não será por discordância, mas por questões pessoais.

Quanto mais conectados os participantes estiverem entre si, mais fluida e produtiva será a reunião. Como facilitador, é importante estar atento a esses detalhes. Um dos fatores que pode desconectar os participantes é a chegada de pessoas atrasadas, que muitas vezes ficam perdidas sem entender o que está acontecendo. Nesse caso, é fundamental acolher o atrasado, explicar brevemente o objetivo do encontro e resumir o que foi discutido até o momento. Isso pode consumir um pouco de tempo, mas é essencial para garantir que todos estejam na mesma sintonia e engajados na reunião.

Propósito

Em 2023, fui convidado a facilitar uma reunião em Lisboa, cujo objetivo era gerar ideias para acelerar a adoção de práticas ESG (ambientais, sociais e de governança) pelas empresas portuguesas. O encontro reuniu representantes da Câmara Brasil-Portugal de Comércio e Indústria, consultores, empresários e membros do governo português. Com apenas três horas para discutir e priorizar ações, era fundamental maximizar o aproveitamento do tempo, já que todos os participantes eram profissionais altamente ocupados.

O convite inicial trazia a seguinte pauta: "Como a Câmara Brasil-Portugal, as empresas e o governo podem trabalhar juntos para que as empresas se adequem aos princípios ESG até 2027?". A princípio, a pergunta parecia adequada, mas logo percebemos que sua amplitude poderia levar a respostas genéricas e fora de escopo. Seriam essas ideias aplicáveis a empresas pequenas, médias ou grandes? Deveríamos focar em companhias brasileiras ou portuguesas? Essa falta de clareza poderia resultar em discussões dispersas e pouco produtivas.

Propus, então, uma reformulação da pergunta para torná-la mais específica e objetiva. Após uma hora de trabalho conjunto, chegamos à seguinte formulação: "Quais ações específicas podem ser empreendidas em conjunto pelas grandes empresas atuantes em Portugal, o Governo Português e a Câmara Brasil-Portugal para auxiliar as pequenas empresas portuguesas a darem os primeiros passos em relação ao ESG a partir de 2024 e estarem em conformidade com os princípios ESG até 2027?".

O tempo investido nessa reformulação foi essencial para garantir a produtividade das duas horas restantes. Com um escopo mais claro e bem definido, as discussões foram muito mais focadas, resultando em 18 ideias concretas, das quais as duas principais já estão em fase de implementação.

A clareza proporcionada pela nova pergunta fez toda a diferença: em vez de passar três horas debatendo questões vagas, conseguimos direcionar os esforços para propostas práticas e viáveis, gerando resultados mais eficazes.

É muito comum encontrarmos pessoas perdidas em reuniões, sem clareza sobre o que precisa ser alcançado ao final. Sempre que participo de uma reunião em que não sou o facilitador e percebo que o objetivo não está claro ou que as discussões estão se dispersando, costumo perguntar: "Qual é a pergunta que precisamos responder?" ou "O que queremos atingir ao final deste encontro?". Isso ajuda a trazer foco e clareza, direcionando novamente a atenção coletiva para o tema principal. Mesmo em reuniões que você não está liderando, pode ajudar a trazer o foco de volta se perceber dispersão. Simplesmente levante a mão e pergunte: "O que queremos alcançar ao final desta reunião?" ou "Qual é a pergunta que estamos tentando responder?".

Cerca de 90% das reuniões têm um dos seguintes propósitos:

- Informar.
- Tomar decisões.
- Gerar ideias para solucionar um problema.
- Acompanhar o andamento de algo.

Existem ainda reuniões menos frequentes, como as de celebração, conexão, treinamento, reconhecimento e feedback. O surpreendente é que muitas pessoas participam dessas reuniões sem saber claramente qual é o objetivo. Portanto, a primeira coisa a ser feita é deixar isso explícito para todos. Se você estiver liderando a reunião, informe o objetivo na convocação e reforce-o no início do encontro, deixando claro o que espera alcançar.

Caso a reunião tenha como finalidade tomar uma decisão ou gerar ideias, é essencial definir logo no início, com a equipe, qual é a pergunta central que precisa ser respondida. Dedique tempo para tornar essa pergunta clara, instigante e específica. Você pode tanto defini-la de antemão quanto refiná-la com o grupo, o que aumentará o foco e a produtividade da reunião. Sempre que perceber que o grupo está se desviando do tema, basta trazer a pergunta de volta à tona para direcionar a atenção novamente ao objetivo final.

Governança

Imagine tentar manter a atenção de um grupo de jovens, nativos digitais, superansiosos e acostumados a fazer várias coisas ao mesmo tempo, durante um dia inteiro. Se você não for um *showman* ou não usar algum tipo de "pirotecnia", as chances de fracassar são altas. Esse foi o desafio que enfrentei ao facilitar um encontro de *team building* com oito jovens da área de recrutamento de uma grande multinacional.

Eu não sou um *showman* e tampouco uso artifícios chamativos para prender a atenção. O início foi um desastre: a reunião estava marcada para começar às 9h, com a recomendação de que todos chegassem 15 minutos antes. Às 9h15, apenas duas pessoas haviam chegado. A gerente que me contratou, uma colombiana que havia assumido a equipe recentemente e ainda falava mal o português, estava visivelmente constrangida. Ela me contratou para ajudá-la a se integrar à nova equipe, mas só conseguimos iniciar às 10h, com uma hora de atraso.

Iniciamos com um *check-in*, que foi ótimo para criar uma conexão entre todos, e eu deixei claro o propósito do encontro e o que esperávamos alcançar até o final do dia. Também combinamos os horários, intervalos, e que não utilizaríamos celulares ou computadores enquanto estivéssemos juntos. No entanto, logo no início, uma pessoa já saiu da sala para ir ao banheiro, o que se repetiu diversas vezes ao longo do dia, interrompendo o fluxo e quebrando a conexão necessária. Além disso, foi extremamente difícil mantê-los afastados dos celulares e computadores. Apesar de termos produzido bastante, eu saí completamente desgastado. Ao chegar em casa, percebi que havia falhado na etapa de governança da reunião.

Um ano depois, fui contratado novamente para conduzir outra dinâmica de *team building* com o mesmo grupo. Dessa vez, foquei estabelecer uma governança sólida para o encontro. Sabendo da dificuldade que tinham em manter a concentração, perguntei quanto tempo conseguiriam ficar 100% focados sem precisar acessar o celular, computador ou sair da sala. Unanimemente, responderam 45 minutos. Combinamos, então, que a cada 45 minutos de reunião, faríamos uma pausa de 10 minutos. Também acordamos que, durante esses "tiros" de 45 minutos, ninguém sairia da sala ou usaria o celular.

Mantivemos o combinado ao longo do dia, e a diferença foi enorme. Todos permaneceram atentos e presentes durante os blocos de 45 minutos, e concluímos o dia com todos os objetivos alcançados. Eu, por outro lado, saí muito mais energizado. Foi infinitamente mais produtivo fazer pausas regulares de 10 minutos após 45 minutos de foco do que tentar mantê-los concentrados por 2 horas seguidas sem intervalo.

Os combinados sobre como a reunião será conduzida fazem parte do que chamamos de "governança" na metodologia Mente Coletiva. Essa etapa é fundamental para garantir a produtividade do encontro. Durante a governança, definimos:

- Duração da reunião.
- Quanto tempo o grupo consegue trabalhar focado, para então determinar o número de blocos de trabalho ("tiros") e a duração dos intervalos.
- Regras para uso de celular ou computador.
- Necessidade de manter câmeras abertas e microfones fechados (em encontros online).
- Quem será responsável por registrar o que foi discutido e decidido.
- Quem será o guardião do tempo, responsável por alertar aqueles que se alongarem demais.
- Acordos sobre pontualidade.
- Regras para garantir que todos participem e respeitem quem está com a palavra.

Como facilitador, durante essa etapa, peço ao grupo permissão para ser "chato" de vez em quando, interrompendo quem estiver fugindo do tema ou quem estiver interrompendo o outro. Quando o grupo me dá essa permissão (o que quase sempre acontece), fico autorizado a intervir sempre que alguém descumpre os combinados. Já fiz isso inúmeras vezes, inclusive com presidentes de grandes empresas.

Um exemplo interessante foi durante um ano em que facilitei encontros entre a franqueadora e um comitê de franqueados da rede Tutores. Na primeira reunião, alguns franqueados chegaram atrasados. Durante a governança, discutimos a importância da pontualidade, e o próprio grupo sugeriu uma solução: quem chegasse atrasado nas reuniões seguintes pagaria 50 reais para ser usado em um happy hour. A partir de então, algumas pessoas chegavam correndo do metrô ou estacionamento para evitar o atraso. Nunca mais tivemos problemas com pontualidade.

A etapa de governança leva no máximo 5 minutos, mas é crucial para garantir uma reunião eficiente. Se o grupo for mais disperso, não tenha receio de fazer intervalos frequentes. Já conduzi uma reunião com blocos de 30 minutos e intervalos de 5 que foi extremamente produtiva. Nesse caso, é importante garantir, na governança, que todos respeitem o retorno pontual dos intervalos.

Desapego do ego

Ricardo, gerente de uma empresa varejista, aprendeu a metodologia Mente Coletiva e decidiu aplicá-la no dia seguinte com sua equipe. Após passar pelas etapas de conexão, definição do propósito do encontro e governança, ele iniciou as discussões com seu time. Optando por deixar de ser o "herói", Ricardo decidiu envolver a equipe na resolução de um dos grandes problemas de sua área. Juntos, formularam a pergunta ideal e ele abriu espaço para que todos opinassem.

Como líder, Ricardo foi o primeiro a dar sua opinião e, em seguida, passou a palavra para os demais. A segunda pessoa gaguejou no início e demorou cerca de 5 minutos para concluir seu raciocínio. A terceira preferiu passar sua vez, dizendo que ainda não tinha uma resposta. A quarta pessoa apenas repetiu o que Ricardo havia dito, com outras palavras. Ao final, ele ficou desapontado, pois sentiu que nada de produtivo surgiu da discussão. Ricardo começou a se questionar se realmente valia a pena envolver a equipe nas decisões ou se seu time era inexperiente demais.

Não foi só Ricardo. Já ouvi muitos líderes que começaram a aplicar a Mente Coletiva em reuniões expressarem frustração por situações semelhantes.

No entanto, o problema está no processo, não nas pessoas. Existem alguns passos cruciais que fazem toda a diferença nessa etapa.

O primeiro detalhe é deixar as pessoas em cargos mais altos falarem por último. Quando o líder do grupo se pronuncia primeiro, ele pode inibir os demais. Nem todos têm coragem de dar uma opinião contrária à do chefe. Ricardo deveria ter sido o último a opinar.

O segundo ponto é dar um minuto para que todos pensem e anotem suas ideias antes de falar. Esse momento de silêncio ajuda as pessoas a se concentrarem. O simples detalhe de dar um minuto para as pessoas anotarem antes de falar pode transformar a qualidade da discussão de forma significativa. Os benefícios são evidentes:

- Diminui o risco de "dar branco", pois algumas pessoas precisam de tempo para refletir antes de serem pressionadas a responder.
- As ideias serão mais concisas e estruturadas, evitando falas prolixas.
- Os participantes conseguirão ouvir os outros com mais atenção, já que suas cabeças não estarão ocupadas tentando lembrar o que vão dizer quando chegar sua vez.
- Muitas vezes, as pessoas estruturam suas ideias enquanto falam. Ao permitir que todos pensem antes de se pronunciar, a discussão flui como uma linha de produção, economizando tempo e gerando melhores respostas.

O terceiro segredo é fazer um acordo com o grupo: se alguém já tiver falado algo semelhante ao que alguém já disse, simplesmente diga "estou contemplado". Isso economiza muito tempo e aumenta a produtividade da reunião.

O quarto ponto é garantir que todos tenham a oportunidade de falar. Quem estiver facilitando a reunião deve chamar as pessoas uma a uma, evitando que apenas alguns monopolizem o tempo de fala.

Por fim, as ideias devem ser registradas e estar visíveis para todos durante a reunião. Em encontros presenciais, use um *flip-chart* ou projete a tela do computador de quem estiver registrando. Em reuniões online, a pessoa responsável pelo registro deve compartilhar sua tela para que todos acompanhem. O ideal é usar um documento na nuvem, acessível a todos.

Ao seguir esses cinco passos, você gerará melhores ideias com sua equipe em menos tempo. As pessoas sairão da reunião positivamente surpresas e energizadas.

Gostei/Gostaria

Quando eu estava na Open Leaders, organizamos um workshop de dois dias para a equipe comercial da Flytour. Eram mais de 150 vendedores ansiosos por aprender mais. Ao final do primeiro dia, abrimos um espaço para que eles compartilhassem o que haviam gostado e o que gostariam que fosse diferente no dia seguinte. Quando começamos a ler as sugestões, sentimos um frio na espinha: o que eles pediam era completamente diferente do que havíamos preparado.

Tínhamos duas opções: a) ignorar as sugestões e ir para casa descansar, já que estávamos exaustos da preparação e da execução do primeiro dia; ou b) trabalhar até tarde para incorporar as sugestões dos participantes. Optamos, claro, pelo segundo caminho e alteramos radicalmente a programação e as dinâmicas para o dia seguinte. O esforço valeu a pena: o workshop foi um sucesso, pois conseguimos atender às expectativas e necessidades dos participantes.

Chamamos essa etapa de "Gostei/gostaria" (ou "*Like/wish*", em inglês). Pouco antes de encerrar reuniões ou encontros, abra um espaço para que as pessoas compartilhem do que gostaram e o que gostariam que fosse diferente na próxima vez. Esse processo traz vários benefícios:

- Avaliar a qualidade da reunião: permite medir se a reunião foi eficaz ou não.
- Melhorar os encontros futuros: o feedback ajuda a aprimorar as reuniões seguintes.
- Cocriação: transforma a reunião em algo construído em conjunto, e não apenas imposto por você.
- Desenvolver a autogestão: o grupo começa a se administrar sozinho, o que fortalece essa capacidade.
- Cultivar uma cultura de feedback: incentiva o hábito de compartilhar opiniões de forma construtiva.

- Aumentar o sentimento de pertencimento: as pessoas se sentem valorizadas e ouvidas.

Durante o processo, como facilitador, seu papel é apenas registrar o que foi dito, sem rebater ou justificar. Após a reunião, reveja as sugestões e implemente o que for viável, lembrando que nem todas as ideias poderão ser aplicadas. Na abertura da próxima reunião, retome o que foi apontado e explique o que foi possível mudar e o que não foi. As pessoas ficam satisfeitas em saber que suas opiniões foram ouvidas, mesmo que nem todas as sugestões sejam aplicadas.

Com o tempo, as reuniões vão evoluindo e melhorando até o ponto em que as sugestões de mudança (o "gostaria") se tornam cada vez mais raras.

Check-out

Na etapa de *check-out*, cada pessoa compartilha como se sente ao final da reunião, funcionando como o fechamento oficial do encontro. Esse momento permite avaliar o clima e a energia dos participantes ao término. Embora não seja uma etapa obrigatória, é uma oportunidade valiosa para que todos se sintam ouvidos e acolhidos.

Se o tempo estiver curto ou houver muitas pessoas, por vezes finalizo pedindo apenas a um ou dois participantes que compartilhem um insight ou um pensamento final, em vez de abrir para todos.

Você não vai mais suportar reuniões desorganizadas

Quando se aplica a metodologia da Mente Coletiva, as reuniões tornam-se um verdadeiro ritual, com começo, meio e fim bem definidos. Isso transforma seus encontros em momentos mais eficazes e produtivos, deixando os participantes com a sensação de que o tempo foi bem aproveitado. Além disso, sua imagem como líder tende a se fortalecer, pois saber conduzir boas reuniões é uma habilidade que sua equipe valorizará.

Com a Mente Coletiva, os encontros não só se tornam mais eficientes, mas também reduzem a necessidade de novas reuniões para tratar de pendências, já que os assuntos são resolvidos de forma mais objetiva. Peter Drucker já dizia: "A má organização é a causa comum da perda de tempo". Um sinal disso é o excesso de reuniões.

Um efeito colateral positivo

Há, no entanto, um efeito colateral curioso ao adotar a Mente Coletiva: você não suportará mais participar de reuniões desorganizadas. Um de nossos clientes relatou que, depois de se acostumar com reuniões bem organizadas, ele queria se matar ao participar de encontros trimestrais de outro negócio no qual é acionista. Ele descreveu a experiência como "devastadora", comparando-a ao ato de beber um café de baixa qualidade após anos degustando cafés especiais.

Aplicando a Mente Coletiva em reuniões curtas

Nem sempre será possível aplicar todas as etapas da Mente Coletiva em reuniões curtas, com duração inferior a uma hora. Nesse caso, foque ao menos as etapas do propósito e da governança. Isso leva apenas 5 minutos e garante que todos compreendam o objetivo do encontro e os combinados para que ele seja produtivo.

RESUMO DO CAPÍTULO

- Entre 2012 e 2014, o Google estudou 180 equipes e identificou os principais fatores de alta performance no Projeto Aristóteles. O fator mais importante é a segurança psicológica, quando todos se sentem seguros para falar, errar e discordar. Outros fatores-chave são: confiabilidade, estrutura e clareza, propósito e impacto.
- Uma forma eficaz de promover segurança psicológica é usar a Mente Coletiva em reuniões — tema explorado neste capítulo.
- A mente coletiva é composta por quatro pilares: conexão, propósito, governança e desapego do ego.
- Conexão emocional é essencial: reuniões produtivas dependem da conexão entre os participantes — sem acolhimento, pessoas emocionalmente abaladas participam apenas no modo automático.
- *Check-in* no início da reunião: criar um momento para que todos compartilhem como estão emocional e fisicamente ajuda a promover acolhimento, engajamento e segurança psicológica.
- *Check-in* não é terapia: o objetivo é acolher, não resolver tudo ali. Ofereça apoio, mas mantenha-se focado na reunião. Com o tempo, isso fortalecerá confiança e pertencimento.
- Clareza de propósito é essencial: reuniões improdutivas geralmente carecem de um objetivo claro; definir isso desde o início direciona o foco e evita dispersões.
- Perguntas certas geram resultados certos: reformular a pergunta central da reunião para que seja específica e instigante aumenta a qualidade das ideias e das decisões.
- Não subestime o tempo gasto no alinhamento: investir alguns minutos para definir um bom foco pode salvar horas de conversa improdutiva.
- Mesmo sem liderar, você pode ajudar: se perceber que a reunião está dispersa, pergunte: “Qual é a pergunta que estamos tentando responder?” — isso ajuda a recentrar o grupo.
- Governança garante foco e produtividade: estabelecer regras claras no início (uso de celular, pausas, pontualidade etc.) é essencial para o sucesso de uma reunião.

- Combinados criam comprometimento coletivo: quando as regras são acordadas em grupo, a adesão e o respeito às normas aumentam consideravelmente.
- O facilitador deve ter autoridade concedida: pedir permissão para intervir ajuda o facilitador a manter a ordem com leveza e legitimidade.
- Líderes devem falar por último: quando o chefe opina primeiro, pode inibir o grupo; dar tempo para todos pensarem e escreverem suas ideias antes de falar melhora muito a qualidade das contribuições.
- Acordos simples aumentam a produtividade: combinar que todos devem falar, que ideias repetidas podem ser resumidas com "estou contemplado" e que tudo será registrado de forma visível otimiza tempo e engajamento.
- Feedback fortalece a cultura de melhoria: práticas como "Gostei/gostaria" promovem evolução contínua, cocriação e senso de pertencimento ao dar voz real aos participantes.
- Encerramento com *check-out* humaniza o processo: ouvir como as pessoas se sentem ao final da reunião cria um ambiente mais acolhedor e fortalece a conexão do grupo.

CAPÍTULO 13

Ambiente de confiança – Feedback e transformação de conflitos

MAPA PARA FORMAÇÃO DE TIMES AUTOGERIDOS

CULTURA DE EMPODERAMENTO	ALINHAMENTO FOCO	ALINHAMENTO CLAREZA	GOVERNANÇA COLETIVA	AMBIENTE DE CONFIANÇA
SER EXPERT EM PESSOAS	FOCAR NO QUE GERA VALOR	DEFINIR O PORQUÊ DO PROPÓSITO	DEFINIR REGRAS BÁSICAS	FACILITAR REUNIÕES
LIDERAR POR MEIO DE PERGUNTAS	DEFINIR ATIVIDADES-CHAVE DE SUCESSO	DEFINIR OS VALORES INEGOCIÁVEIS	MAPEAR E TRATAR PONTOS DE ATRITO E RETRABALHO	DAR FEEDBACKS
SER LÍDER ANTI-HERÓI	IMPLANTAR UMA CULTURA 80/20	DEFINIR OBJETIVOS E METAS COLETIVAMENTE	DEFINIR RESPONSABILIDADES E ALÇADAS DE DECISÃO	TRANSFORMAR CONFLITOS
		ALINHAR AS EXPECTATIVAS		PROMOVER RITUAIS
				TRANSPARÊNCIA
				GESTÃO À VISTA
1	2	3	4	5

Cultura de feedback

Imagine que algumas pessoas da sua equipe começam a reclamar sobre o mau hálito e a higiene de um colega. Como você reagiria? Provavelmente essa situação geraria desconforto, não é? Falar sobre questões pessoais é sempre delicado, e a forma como a mensagem é transmitida pode definir se a pessoa se ofenderá ou acolherá o feedback.

Já passei por uma situação parecida. Na época, por falta de maturidade e treinamento, acabei delegando a missão para o RH. Felizmente, eles conseguiram conversar com o colaborador, que recebeu bem a mensagem e mudou seu comportamento. No entanto, esse processo demorou semanas, porque envolveu muita reflexão e preocupação de várias pessoas sobre como comunicar isso sem magoar ou desmotivar.

Essa experiência me fez perceber o quanto dar feedback assertivo é uma dificuldade comum entre líderes. Nos diagnósticos que realizamos com mais de 1.200 colaboradores nos últimos dois anos na Opera Education, ficou evidente que esse é um ponto frágil: metade dos entrevistados afirmou não receber feedbacks construtivos com a frequência necessária. Quando perguntamos quais comportamentos eles gostariam de ver mais nos seus líderes, o feedback foi disparado o mais mencionado.

Infelizmente, muitos líderes utilizam o feedback de forma inadequada, transformando-o em um momento de desabafo ou críticas. Em vez de abrir um espaço de diálogo, acabam impondo o que precisa ser feito, sem considerar as necessidades ou perspectivas do colaborador. O feedback, no entanto, deveria ser uma oportunidade não só para alinhar expectativas, mas também para o desenvolvimento contínuo da equipe e da organização.

O feedback como parte natural do alinhamento e do desenvolvimento

O feedback eficaz não é uma ação isolada, mas sim uma extensão natural do processo de alinhamento de expectativas. Idealmente, você já discutiu com seus liderados para onde a equipe quer ir, por que deseja chegar lá e quais caminhos percorrer. Também definiram com quem querem caminhar e, mais importante, como cada um deve se comportar durante essa jornada. Quando esse alinhamento é bem feito, o feedback se torna apenas uma verificação regular desse percurso.

Por isso, é essencial realizar encontros *one-on-one* com cada membro da equipe. Nesses momentos, o líder e o liderado medem juntos o progresso em

direção aos objetivos e avaliam o alinhamento com os valores da empresa e da área. Assim, o feedback deixa de ser uma conversa tensa e passa a ser uma oportunidade de manter todos no caminho certo.

Durante a caminhada, é inevitável que surjam imprevistos e distrações, desviando a equipe dos seus objetivos. É responsabilidade do líder identificar essas interferências e "limpar o caminho", garantindo que todos sigam na direção certa. Rony Meisler, fundador da Reserva, mencionou em um artigo no *Valor Econômico* uma frase atribuída a Jack Welch: um líder deve ser um "Chief Vassoura Officer", aquele que varre as distrações que impedem o sucesso. Seja Welch o autor ou não, a ideia é poderosa: além de definir o destino e o caminho, o líder precisa constantemente remover obstáculos ao longo da jornada.

Além de monitorar o progresso em direção às metas, o feedback é uma oportunidade para verificar se os comportamentos dos colaboradores estão em conformidade com os valores da organização. Esses valores devem ser claros e inegociáveis, servindo como guias para as atitudes diárias. Usar os encontros de feedback para checar e reforçar esses comportamentos é essencial para construir uma cultura forte e sustentável.

Dar feedbacks frequentes, claros e construtivos é um dos maiores desafios da liderança, mas também uma das ferramentas mais poderosas para o desenvolvimento individual e coletivo. Quanto mais natural e contínuo for esse processo, menor será o risco de mal-entendidos ou desconfortos. Alinhe expectativas, abra espaço para o diálogo e ajude sua equipe a crescer. E não se esqueça de pegar sua "vassoura" de vez em quando: o caminho para o sucesso precisa ser mantido limpo para que todos cheguem juntos ao destino.

Encontro de necessidades

A palavra feedback foi estigmatizada e, só de ouvi-la, muita gente se coloca na defensiva. Você pode substituir essa expressão por "encontro de necessidades". A ideia é, com o liderado, encontrar um caminho que atenda a três necessidades:

- As da empresa.
- As suas, da área ou dos clientes.
- As do liderado.

Nas sessões de feedback, é importante abrir espaço para que o liderado expresse seus sentimentos e necessidades. No entanto, existe uma ordem hierárquica entre essas demandas:

- As necessidades da empresa são soberanas.
- Em seguida, vêm as necessidades da área ou dos clientes.
- Por fim, as necessidades do colaborador.

Por exemplo, se o colaborador deseja trabalhar 100% remotamente, mas a área exige presença física, a necessidade da área prevalece. Da mesma forma, se ele pede um aumento de 200%, mas não há orçamento disponível, a necessidade da empresa terá prioridade.

Nem sempre será possível encontrar uma solução que atenda a todas as partes. Quando isso acontecer, é fundamental que você reforce o propósito, a missão e as metas da área ou da empresa para manter o colaborador alinhado e motivado. Ao abrir espaço para a escuta ativa, você entenderá melhor o que se passa na mente e no coração da sua equipe, além de identificar quem são os verdadeiros *team players* e quem prioriza apenas interesses individuais.

Há diversas pesquisas que mostram a correlação positiva entre o recebimento de feedback e o aumento do engajamento. Se você deseja construir um time autogerido de alta performance, dar e receber feedbacks precisa fazer parte da cultura da sua área e da sua organização.

Existem várias técnicas de feedback que vale a pena estudar. Não vou me aprofundar nesse tema aqui, pois ele por si só renderia um livro. No entanto, recomendo que você invista nesse aprendizado — afinal, é o que os liderados mais sentem falta em seus líderes.

Transformação de conflitos

Paula Regina é casada com o professor universitário Flávio. Durante a pandemia, Flávio foi obrigado a trabalhar no apartamento do casal, dando aulas online de manhã e à noite. Tudo corria bem até que um vizinho começou a fazer um barulho ensurdecedor todas as noites. Aparentemente, o vizinho promovia festas com música alta até às 22h, o que impedia Flávio de dar suas aulas.

Com seu temperamento forte, Paula quis imediatamente tirar satisfação com o vizinho. No entanto, Flávio, habituado a lidar com alunos rebeldes, preferiu uma abordagem mais calma e foi conversar amigavelmente para entender o ponto de vista do vizinho. Ele explicou que era professor, que ministrava aulas à noite em casa e que o barulho estava prejudicando muito seu trabalho.

A postura tranquila abriu espaço para o diálogo, e o vizinho revelou que era radialista, com uma programação no mesmo horário das aulas de Flávio. Mantendo o clima amistoso, ambos, com a ajuda do síndico, encontraram uma solução que atendeu às necessidades de todos. A emissora de rádio financiou o isolamento acústico no apartamento do radialista, e, durante a reforma, o síndico disponibilizou uma sala no condomínio para Flávio dar suas aulas. Hoje, Flávio e o vizinho são bons amigos e convivem harmoniosamente. Paula admite que, se fosse ela a tratar do problema, provavelmente o conflito teria terminado em uma briga e seria levado à Justiça.

Conflitos como esse acontecem o tempo todo, tanto na vida pessoal quanto na profissional. As atitudes que as pessoas adotam nesses momentos influenciam diretamente a cultura da organização ou da área. Existem três posturas básicas diante dos conflitos:

- Conflitos destrutivos.
- Harmonia artificial.
- Conflitos construtivos.

Conflitos destrutivos

Os conflitos destrutivos surgem quando as pessoas entram em uma discussão com o objetivo de provar que estão certas. A resolução do problema se torna secundária diante da necessidade de afirmar uma posição pessoal. Esse tipo de comportamento é comum, por exemplo, em discussões políticas. Nesses casos, a defesa de um político, partido ou ideologia acontece de forma emocional, sem uma análise profunda sobre temas como distribuição de renda ou o papel do Estado. Em vez de ideias, o que se defende são posições, resultando em debates sem profundidade. As conversas se transformam em trocas de acusações, ataques e defesas, com cada lado tentando desqualificar o outro — o que muitas vezes vai para o campo das ofensas.

Nesse tipo de conflito, as pessoas se fecham para escutar o ponto de vista do outro e se julgam donas da verdade. Emoções intensas afloram, e, não raro, as discussões terminam com pessoas rompendo relações e se afastando por tempo indeterminado por causa de suas divergências.

Em algumas empresas, onde o ambiente é mais agressivo e competitivo, os conflitos destrutivos são comuns. Nesses contextos, pessoas mais sensíveis frequentemente adoecem em decorrência da pressão emocional e do clima hostil. No caso do professor Flávio, o conflito teria se tornado destrutivo se Paula tivesse abordado o vizinho exigindo, de forma ríspida, que ele parasse de fazer barulho.

Harmonia artificial

Mas tão prejudicial quanto os conflitos destrutivos é a harmonia artificial. Essa situação ocorre em ambientes ou organizações com baixa segurança psicológica, onde as pessoas não se sentem confortáveis para discordar umas das outras. Elas se omitem, evitando expressar opiniões ou reclamações de maneira direta, preferindo fazê-lo por meio de fofocas e conversas de bastidores. O medo de contrariar colegas ou superiores faz com que muitos se calem, temendo não serem aceitos ou validados.

Durante reuniões, é comum que essas pessoas concordem com propostas apenas para manter a aparência de harmonia, mas no dia a dia, não se comprometem com o que foi combinado — e, em alguns casos, até agem contra. Assim como nos conflitos destrutivos, essa desconexão impede a formação de um verdadeiro time. Voltando ao caso de Paula e Flávio, seria como se eles tivessem optado por não conversar com o vizinho e, em vez disso, ficassem sofrendo em silêncio, reclamando apenas com outros condôminos.

Conflitos construtivos

Em times de alta performance, os conflitos são não apenas permitidos, mas também incentivados, desde que sejam construtivos. As pessoas participam com mente aberta, buscando compreender o ponto de vista dos outros. Existe uma curiosidade genuína e uma vontade coletiva de encontrar a melhor solução, independentemente de quem tenha proposto a ideia. Não há apego a posições individuais, pois o objetivo comum de melhorar e crescer está acima das opiniões pessoais. Por mais intensa que seja a discussão, todos permanecem conectados por um propósito maior, seja aprimorar a performance, seja resolver um problema ou gerar mais valor.

Essa mentalidade foi justamente o que permitiu a resolução do conflito entre Flávio e o radialista. Ambos estavam dispostos a entender o ponto de vista um do outro e focaram encontrar uma solução, em vez de trocar acusações.

Como líder, você tem papel essencial para garantir que os conflitos em sua área ou organização sejam construtivos. O primeiro passo é reconhecer que conflitos são inevitáveis — e sua missão é transformá-los em oportunidades positivas.

Faça uma autoavaliação em relação aos conflitos. Imagine uma escala em que de um lado está “Eu evito conflitos e conversas difíceis a todo custo” e, do outro, "Eu encaro, incentivo e até provoco conflitos quando necessário, sem medo de conversas difíceis". Em qual ponto dessa escala você se encontra?

Líderes que evitam conflitos e conversas difíceis

Se você não se sente à vontade com conflitos e evita conversas difíceis, o primeiro passo é reconhecer que conflitos são positivos. As melhores ideias e soluções surgem do confronto de pontos de vista opostos. Se não há conflitos na sua área ou empresa, é provável que sua equipe seja passiva ou esteja amedrontada, indicando um ambiente de harmonia artificial.

Reflita se você tem colocado "panos quentes" para evitar confrontos ou se tem empurrado problemas para debaixo do tapete. Pode ser que você não esteja dando espaço para seus liderados expressarem suas opiniões. Também avalie se a equipe se sente insegura para se posicionar ou se você está assumindo um papel centralizador, limitando a autonomia e a iniciativa do time. Em qualquer um desses cenários, será difícil formar um time autogerido e de alta performance. Esse comportamento pode ser um sintoma de que você está assumindo uma postura centralizadora, heroica demais ou simplesmente evitando enfrentar os problemas.

Líderes que provocam ou permitem conflitos destrutivos

Se sua área é marcada por uma cultura de conflitos destrutivos, faça uma autoavaliação. Quão aberto você está para ouvir e realmente compreender as pessoas? Como reage quando alguém apresenta uma opinião diferente da sua? Pode ser que você esteja contribuindo para essa cultura, consciente ou inconscientemente, ao adotar uma postura inflexível ou permitir que os conflitos se desenrolem sem moderação. Em alguns casos, a omissão pode agravar a situação, deixando que o clima se deteriore.

Como sair dessa?

Uma maneira eficaz de superar tanto a harmonia artificial quanto os conflitos destrutivos é dar voz à equipe, utilizando as técnicas da Mente Coletiva nas reuniões. Facilite esses encontros de forma estruturada:

- Comece criando um momento de conexão entre os participantes.
- Defina as regras da reunião, reforçando que o objetivo é gerar soluções ou ideias e não trocar acusações.
- Formule de forma colaborativa a pergunta norteadora do encontro. Sempre que o grupo sair do foco, lembre-os do propósito da reunião.
- Assuma a postura de facilitador e mediador, garantindo que todos tenham tempo para refletir e falar.
- Estabeleça a regra de que ninguém pode interromper o outro enquanto estiver falando.

Não espere que todos se sintam confortáveis imediatamente. Pode levar algumas reuniões para os participantes entenderem a metodologia e começarem a se expressar com mais segurança. Aos poucos, aqueles que antes evitavam opinar se sentirão mais à vontade para falar, e os mais combativos começarão a se desarmar.

Escuta ativa: uma habilidade essencial

Como líder, é fundamental aprimorar continuamente suas habilidades de comunicação, especialmente no que diz respeito à escuta ativa. Escutar ativamente não é apenas ouvir; envolve também estar presente e atento à comunicação verbal e não verbal do outro, manter contato visual, fazer perguntas abertas, verificar o entendimento e não ser levado pelo seu julgamento. Essa habilidade é essencial para transformar conflitos em oportunidades de crescimento.

Além disso, desenvolver a capacidade de identificar sentimentos e necessidades de ambas as partes, reconhecer objetivos comuns e entender a causa raiz dos problemas são práticas essenciais para conduzir conflitos de forma construtiva. Esses conhecimentos podem ser aprofundados em cursos de comunicação não violenta e transformação de conflitos.

A realidade dos conflitos

Ao longo da minha jornada corporativa, já testemunhei inúmeros conflitos explícitos, alguns tão intensos que quase chegaram às vias de fato. Embora esses confrontos não sejam agradáveis, pelo menos trazem os problemas à tona, permitindo que decisões sejam tomadas ou mudanças sejam propostas. No entanto, há um tipo de conflito ainda mais prejudicial: os conflitos velados e não expressos. Muitas pessoas sofrem caladas, por não se sentirem à vontade para falar ou por falta de oportunidade.

Esses conflitos ocultos podem variar desde incômodos simples, como a irritação com a temperatura da sala, até situações graves, como assédio. A falta de espaço para expressar essas questões compromete o bem-estar e a produtividade da equipe, tornando essencial que você, como líder, crie um ambiente seguro para que todos possam se manifestar.

RESUMO DO CAPÍTULO

- Feedback como prática contínua: o feedback deve ser parte do alinhamento constante entre líderes e equipe, não apenas uma ação pontual. Reuniões *one-on-one* são essenciais para manter o time na direção certa.
- Erros comuns na liderança: muitos líderes usam feedback como desabafo ou crítica, em vez de criar um espaço de desenvolvimento e diálogo. Isso prejudica o engajamento e o crescimento da equipe.
- Encontro de necessidades: substituir o termo "feedback" por "encontro de necessidades" pode reduzir defesas. O equilíbrio entre as necessidades da empresa, da área e do colaborador é a chave para decisões justas.
- Conflitos são inevitáveis e podem ser positivos: conflitos construtivos fortalecem a equipe. O líder deve agir como facilitador, garantindo escuta ativa e foco em soluções.
- Perigos dos extremos: conflitos destrutivos criam ambientes hostis, enquanto a harmonia artificial gera passividade e desconexão. Ambos impedem o desenvolvimento de times autogeridos e de alta performance.
- Escuta ativa e comunicação não violenta: são habilidades fundamentais para liderar conflitos de forma saudável e identificar necessidades, emoções e objetivos comuns.
- Ambiente seguro: o líder deve criar um espaço onde todos se sintam seguros para falar, evitando o acúmulo de conflitos velados, que são altamente prejudiciais ao bem-estar e à produtividade.

CAPÍTULO 14

Ambiente de confiança – Rituais, transparência e gestão à vista

Rituais

Diariamente, antes do início do expediente, os mais de mil funcionários das dezenas de lojas da rede de supermercados Hirota, em São Paulo, se reúnem. O gerente conduz uma breve reflexão sobre metas e propósito, seguida de uma canção que exalta a qualidade do atendimento. O encontro termina com o grito de guerra: "Hirota, uma família a serviço das famílias". Adotada em 2011, essa prática fortaleceu o entrosamento da equipe e criou um ambiente inspirador para o dia de trabalho. Assim como a Hirota, muitas empresas implementam rituais diários para motivação.

Por outro lado, o gerente de uma loja de departamentos de uma multinacional em Uberaba (MG) processou a empresa por ser obrigado a participar de um grito de guerra coletivo e foi indenizado em 20 mil reais. O ritual consistia em todos os vendedores gritarem o nome da loja seguido por uma frase impactante. Segundo o relator do recurso, o Tribunal Superior do Trabalho (TST) considerou obrigar danças e cânticos motivacionais uma forma de exposição ao ridículo.

O grito de guerra é um ritual controverso. Não funciona para todas as equipes e, pessoalmente, não gosto muito dele, exceto no contexto esportivo. No entanto, reconheço seu potencial motivador. O problema surge quando sua participação é obrigatória. A empresa de Uberaba não teria enfrentado esse processo se o grito fosse voluntário ou iniciativa da própria equipe.

Apesar de não gostar de gritos de guerra, sou fã de outros tipos de rituais. Eles são fundamentais para formar e manter equipes coesas. Contudo, formatos, temas e frequências devem ser definidos com a participação do time, e não impostos.

O caso de Thiago Suruagy e um ritual eficiente

Thiago Suruagy, gerente de inovação do Sebrae em Pernambuco, reuniu sua equipe para responderem juntos à pergunta: "Como podemos compartilhar erros e acertos na gestão dos projetos para aumentar o aprendizado, desenvolver a responsabilidade coletiva, promover maior integração e sermos mais eficazes e eficientes?". A equipe decidiu fazer encontros mensais de duas horas, nos quais dois membros apresentariam os projetos que implementaram, destacando o que deu certo, o que deu errado e as lições aprendidas. A responsabilidade pela organização dos encontros seria rotativa, o que aliviou o trabalho de Thiago, pois a equipe assumiu a condução do processo.

Se Thiago não tivesse "tirado a capa de herói", ele provavelmente teria determinado a frequência e os temas das reuniões, sobrecarregando-se ainda mais. Além disso, seus liderados talvez não se sentissem motivados a participar de algo imposto.

Rituais na vida e nas organizações

Embora muitas pessoas associem rituais a religiões ou ocultismo, eles fazem parte da rotina de todos. Alguns são esporádicos, como casamentos ou formaturas; outros, recorrentes, como festas de aniversário ou celebrações de fim de ano. Empresas também estabelecem rituais, como convenções anuais e reuniões periódicas de acompanhamento.

Rituais são fundamentais para transformar uma equipe em um time. Eles criam um senso de pertencimento, reforçam os valores e a cultura organizacional, além de fomentar um ambiente de segurança e confiança. Festas de fim de ano ou almoços comemorativos são exemplos comuns, mas há outros rituais igualmente importantes.

Rituais que fortalecem a equipe

As organizações realizam muitas reuniões rotineiras, mas poucos rituais para fortalecer a cultura. Pesquisas realizadas com participantes dos cursos da

Opera Education mostram que menos de um terço dos líderes promove frequentemente os seguintes rituais:

- Celebração: comemorar conquistas ou resultados positivos.
- Reconhecimento: reconhecer publicamente quem fez um bom trabalho.
- Erros e acertos: discutir o que deu certo e o que precisa melhorar.
- Conexão: promover momentos em que as pessoas compartilhem aspectos pessoais e experiências.

O mais comum nas empresas são reuniões de acompanhamento de entregas, follow-up de projetos, geração de soluções, resolução de problemas e atualizações. Ainda assim, uma parcela significativa de líderes nem sequer promove esse tipo básico de rotina.

Os rituais de cultura são bem mais raros. Os de celebração são pouco realizados nas empresas. Conquistas raramente são comemoradas, e o foco rapidamente se desloca para novas metas, o que pode minar o propósito dos colaboradores e fazer com que se sintam como peças de uma engrenagem.

Os rituais de conexão são ainda mais raros. Em muitos casos, colegas de trabalho passam anos juntos sem conhecer nada sobre a vida pessoal uns dos outros, gerando um ambiente frio e distante. Criar espaços para que as pessoas se conheçam melhor é essencial para fortalecer os laços da equipe.

O reconhecimento é outro ritual negligenciado, embora esteja consistentemente entre os cinco fatores mais motivadores segundo as pesquisas da Opera. Reconhecer publicamente quem faz um bom trabalho é essencial, mas, para evitar ciúmes, delegue à equipe a escolha de quem será reconhecido.

Esses três rituais — celebração, reconhecimento e conexão — podem ser combinados em um único evento. Por exemplo, uma tarde a cada dois meses dedicada a celebrar conquistas, reconhecer talentos e promover a conexão entre os membros da equipe pode unir e motivar o time.

A importância de rituais nas metodologias ágeis

Uma das coisas que tornam as metodologias ágeis eficientes são seus rituais, como Sprint Planning, Daily Meeting, Sprint Review e Sprint Retrospective. Da mesma forma, sua equipe precisa de rituais para melhorar sua performance. No entanto, em vez de impor esses momentos, envolva o time na definição dos rituais: apresente os tipos existentes e seus benefícios e deixe que a equipe decida a frequência, o formato e os responsáveis. Assim, os colaboradores participarão com mais entusiasmo e você terá menos tarefas a gerenciar. Seu papel será garantir que o que foi combinado seja cumprido.

Reuniões *one-on-one*: um ritual essencial

Além dos rituais coletivos, você deve realizar reuniões *one-on-one* com seus liderados diretos. A frequência ideal dependerá do número de pessoas sob sua gestão direta: quanto maior o número, menor a frequência. Sempre que possível, tenha uma conversa mensal com cada liderado; se não for viável, no mínimo uma a cada trimestre. Esses encontros são essenciais para ouvir necessidades, dificuldades e anseios, além de orientar correções de rota e alinhar o foco no que gera valor.

Essas reuniões também são ideais para aplicar as quatro perguntas de ouro abordadas no Capítulo 6: geração de valor e onde precisamos ser excepcionais.

Transparência

Rafael Somera, CEO e fundador da Solutudo, passou anos enfrentando os desafios da empresa sozinho, sem compartilhar os problemas com sua equipe. Há alguns anos, ouviu rumores de que os colaboradores estavam insatisfeitos por não haver planos para a festa de final de ano. Naquele momento, a empresa enfrentava dificuldades financeiras e gastar em um evento não fazia sentido, já que a prioridade era garantir o pagamento dos salários. Como Rafael relembra: "Fiquei revoltado. Se as pessoas soubessem a situação em que estávamos, não reclamariam. Depois percebi que elas realmente não sabiam, porque eu não compartilhava informações sobre a saúde da empresa com ninguém. Como poderiam pensar como eu?".

Ao perceber a falta de transparência e o peso de carregar os problemas sozinho, Rafael decidiu mudar. Passou a compartilhar com seus líderes diretos os desafios que a empresa enfrentava e começou a perguntar: "Estou com esse problema e não sei como resolvê-lo. Vocês podem me ajudar?". Ele conta que, em 98% das vezes, as pessoas se mostravam dispostas a enfrentar o desafio com ele. Isso trouxe um grande alívio, pois a responsabilidade deixava de ser exclusivamente dele. "A transparência gerou colaboração, e muitas vezes eu nem precisava pedir ajuda. Quando estava sobrecarregado e dividia isso com a equipe, alguns já se ofereciam para assumir algumas tarefas", diz Rafael.

Antes dessa transformação, muitos líderes, assim como Rafael, têm medo de se mostrar vulneráveis ou de expor problemas para a equipe, receosos de parecerem fracos ou incapazes. Esse comportamento pode levar a um desgaste emocional, que se reflete no humor e afeta a equipe, que muitas vezes acaba achando que o problema é com ela.

Muitos líderes evitam a transparência, acreditando que reter informações lhes confere poder. Outros optam por meias-verdades ou dados desconexos para manipular situações. No entanto, se os colaboradores perceberem essas atitudes, perderão a confiança no líder. **A FALTA DE TRANSPARÊNCIA MINA A COLABORAÇÃO.**

Pense: quanto você se dedicaria a alguém que não é sincero com você? Para a maioria das pessoas, essa entrega seria menor do que 100%. Quanto menos transparente você for, mais na defensiva sua equipe ficará, e menos ela se comprometerá de coração aberto.

Quanto menor a transparência, mais espaço a "rádio-peão" ganha dentro da organização. Quando começam a circular rumores sobre algo que está acontecendo na empresa, as pessoas tendem a preencher as lacunas com suposições, criando versões distorcidas e carregadas de emoções. Assim, um pequeno fato pode rapidamente se transformar em um grande problema.

O mesmo acontece em relacionamentos pessoais: quando estamos inseguros em relação aos nossos parceiros, nossa mente frequentemente cria cenários infundados e fantasiosos. A falta de clareza alimenta a ansiedade e o desconforto.

A falta de transparência leva os colaboradores a imaginar cenários negativos sobre o que está acontecendo na empresa. Esse ambiente de incerteza gera desconfiança, que frequentemente se transforma em medo. Com o tempo, essa combinação afeta diretamente a moral e o desempenho da equipe. Como bem afirmou Hermes Fernandes: **"A LUZ SÓ PENETRA ONDE HOUVER TRANSPARÊNCIA"**.

Portanto, sempre que possível, seja transparente e compartilhe com sua equipe informações relevantes sobre o que está acontecendo. Se a equipe pode contribuir para resolver um problema, divida a situação com eles e peça ajuda. Caso haja assuntos que você não possa divulgar, seja sincero e explique o motivo. Essa clareza fortalece a confiança e evita suposições prejudiciais.

No entanto, ser transparente nem sempre é simples. A transparência só é benéfica quando acompanhada por equilíbrio e integridade. Um líder enfrentará grandes problemas se revelar que sua empresa pratica suborno, sonegação ou outras condutas antiéticas. Da mesma forma, divulgar privilégios desproporcionais ou salários milionários para um grupo seleto, enquanto a base da empresa sofre, pode gerar frustração e revolta.

O grau de transparência também depende do nível de maturidade e consciência das pessoas envolvidas no sistema. Quanto maior a maturidade de alguém, mais estruturado seu ego será para lidar com a verdade, por mais difícil que ela possa ser. No entanto, uma informação, dependendo da forma como é transmitida e da maturidade de quem a recebe, pode tanto curar quanto ferir. Nem todos estão prontos para encarar a realidade de forma direta e objetiva.

Ao longo da vida, muitas pessoas constroem suas formas de pensar e agir com base em crenças infundadas, fantasias e ilusões. Como resultado, seu equilíbrio emocional pode estar fortemente atrelado a essas construções. Se uma verdade abrupta abala essas estruturas sem o devido cuidado, os efeitos podem ser mais destrutivos do que benéficos. Por isso, desconstruir essas crenças precisa ser um processo gradual e cuidadoso, desmontando aos poucos aquilo que se cristalizou ao longo do tempo.

Além disso, nem todos têm a chamada "pele grossa" — a capacidade de receber um feedback negativo ou uma crítica sem perder o equilíbrio emocional. Assim, a forma como a mensagem é transmitida é tão importante quanto seu conteúdo. Uma verdade dita de maneira inadequada pode causar resistência, frustração ou até desmotivação, enquanto uma abordagem sensível e estratégica tem o poder de gerar aprendizado e crescimento.

Há também fases em que não é possível ser 100% transparente. Há segredos industriais e decisões estratégicas que precisam ser mantidas em sigilo até o momento adequado. Algumas informações, se mal interpretadas ou fora de contexto, podem gerar confusão e preocupação desnecessária.

Rafael Somera relata que, ao adotar a transparência, inicialmente acabou exagerando. "Algumas informações, quando compartilhadas sem contexto, podem causar desmotivação ou pânico. A estagiária que acabou de entrar, por exemplo, não precisava saber que estávamos com dificuldades financeiras; ela poderia achar que a empresa estava prestes a falir. Hoje, pratico a transparência, mas com cautela. Ainda sonho em ser 100% transparente, inclusive com a divulgação de todos os salários".

Ser transparente não é o mesmo que espalhar fofocas. Para decidir o que deve ou não ser comunicado, uma boa referência é a fábula das três peneiras de Sócrates. Conta-se que um jovem se aproximou do filósofo para contar algo, mas Sócrates perguntou se ele havia passado a informação pelas três peneiras: verdade, bondade e necessidade.

- Verdade: você verificou se o que pretende contar é verdadeiro? (Evite divulgar boatos ou informações não confirmadas, pois podem causar confusão e erros.)
- Bondade: o que você quer dizer é algo bom? A informação ajuda ou prejudica alguém? (Mesmo verdades podem ser nocivas, e é importante avaliar o impacto.)
- Necessidade: essa informação resolve um problema ou agrega valor? (Evite comentários que não trazem benefícios práticos ou relevância.)

Se a resposta for "sim" para todas as perguntas, a informação pode ser compartilhada. Independentemente da veracidade dessa história, ela é uma ferramenta valiosa para orientar líderes sobre o que comunicar e como fazê-lo.

Um bom líder sabe dosar o que deve ou não ser dito à equipe, comunicando-se com clareza e responsabilidade. Ele nunca utiliza informações, meias-verdades ou desinformação como instrumentos de manipulação. A transparência, quando bem aplicada, fortalece a confiança e a colaboração, tornando a equipe mais engajada e eficiente.

O ideal é praticar a transparência e falar a verdade sempre que possível, mas com amorosidade e empatia, considerando o grau de maturidade de quem recebe a informação. Líderes precisam constantemente decidir como repassar para suas equipes as informações que vêm da alta gestão. Alguns agem como filtros, outros como canos, e outros ainda como amplificadores:

- O líder que age como cano transmite a informação exatamente como a recebeu, sem ajustes.
- O amplificador intensifica o conteúdo, carregando-o emocionalmente — de forma positiva ou negativa.
- O filtro analisa e adapta a mensagem, transmitindo apenas uma parte ou alterando sua forma para minimizar impactos negativos.

Um líder eficaz escolhe o papel certo para cada situação, sabendo quando filtrar, repassar fielmente ou amplificar positivamente a mensagem.

A transparência organizacional também varia conforme a maturidade dos líderes e a cultura da empresa. As organizações podem ser posicionadas em uma escala que vai desde aquelas extremamente sigilosas até aquelas que praticam uma transparência radical.

Organizações sigilosas tratam a informação como uma fonte de poder. Dados sensíveis são guardados a sete chaves, e o acesso às informações aumenta à medida que se sobe na hierarquia. Muitas empresas, por exemplo, não compartilham seus dados financeiros nem com seus colaboradores.

Organizações transparentes acreditam que a abertura fortalece sua credibilidade e atrai a admiração de clientes e parceiros. A Buffer, por exemplo, publica abertamente os salários e benefícios de todos os seus funcionários. Já a empresa brasileira Reserva divulga o lucro obtido em cada produto vendido.

Embora a transparência exija esforço e trabalho contínuo, seus benefícios são claros, desde que seja praticada com equilíbrio, justiça e sensibilidade. As organizações que adotam a transparência precisam dedicar tempo e energia para se comunicar com clareza e acolher as reações das pessoas, especialmente de quem é mais crítico. Mas, no final das contas, o esforço vale a pena, pois o aumento do engajamento e da colaboração está diretamente ligado ao nível de transparência praticado.

Além disso, as novas gerações de consumidores admiram empresas com valores claros e postura transparente. Com uma mentalidade mais inclusiva e empática, elas preferem marcas que compartilham seus desafios e promovem práticas responsáveis e honestas.

A transparência também tem impacto na felicidade individual e coletiva. Segredos e mentiras cedo ou tarde geram angústia e podem nos "envenenar" emocionalmente. Há uma correlação positiva entre transparência e felicidade: segundo o World Happiness Report 2020, todos os 10 países mais felizes do mundo estão entre os 13 mais transparentes.

Portanto, o ideal é avançar gradualmente na direção da transparência, evitando radicalismos. Abra seus dados aos poucos, à medida que fortalece o equilíbrio e a justiça em sua organização ou em suas relações. Esteja preparado para enfrentar conversas difíceis e tenha a coragem necessária para sustentar essa prática. No fim das contas, vale a pena: como diz a célebre frase bíblica, "A verdade vos libertará".

Indicadores de desempenho à vista

Uma equipe de corrida de aventura tem como objetivo levar todos os seus membros do ponto A ao ponto B, passando por pontos de verificação, no menor tempo possível. No entanto, é comum a equipe se perder ao longo do trajeto, desperdiçando tempo ou até entrando em zonas de risco. A essência desse esporte está na navegação por cartas e no uso de bússolas. O uso de GPS é proibido, pois facilitaria o trabalho do navegador e diminuiria o desafio e a graça da competição.

Como líder de uma equipe em uma organização, você tem à disposição não apenas o GPS, mas diversos outros "instrumentos de navegação". Surpreendentemente, porém, muitas equipes não utilizam nem sequer uma simples bússola. Assim, quando o ano começa e a largada é dada, muitos saem correndo sem direção clara. Alguns nem chegam ao destino, e os que chegam frequentemente escolhem caminhos mais longos e difíceis. No ambiente corporativo, os GPS empresariais são os KPIs (do inglês *Key Performance Indicators*), ou indicadores de desempenho.

Se você já implementou as etapas para formar times autogeridos, sua equipe sabe para onde ir, por que ir, com quem ir, o caminho a seguir, quais resultados deseja alcançar e onde deve concentrar esforços. Cada membro entende seu papel e o que é esperado dele, assim como a forma de colaborar com os outros. A partir desse ponto, o time está pronto para começar sua jornada. No entanto, para evitar que se perca no meio do caminho, é essencial medir periodicamente se a equipe está na direção e no ritmo correto.

Embora possa parecer uma prática trivial, visualizar metas e objetivos de forma constante tem um impacto significativo nas pessoas. Quando os colaboradores compreendem os dados e acompanham o progresso, tornam-se mais motivados e engajados para alcançar os resultados estabelecidos. Uma equipe é muito mais produtiva quando, além de conhecer seus objetivos, pode visualizar claramente indicadores de desempenho, percebendo como seu esforço contribui para as metas da área ou da organização.

Um método de gestão visual bastante difundido é o Kanban, de origem japonesa. Ele se baseia em três indicadores simples:

- O que temos para fazer.
- O que está em execução.
- O que foi finalizado.

O Kanban é eficaz para acompanhar o andamento de projetos e é amplamente utilizado por organizações que implementam sistemas de gestão da qualidade.

Outra abordagem comum é o uso dos OKRs (do inglês *Objectives and Key Results*). Criados por Andrew S. Grove, ex-CEO da Intel, e popularizados pelo Google, os OKRs definem alguns objetivos-chave qualitativos e associam a eles resultados quantitativos que demonstram progresso direto na conquista desses objetivos.

Há também a metodologia 4DX, desenvolvida pela Franklin Covey Consulting, que foca a execução eficaz de estratégias. Segundo pesquisas da empresa, 70% das estratégias falham por causa de lacunas na execução por parte dos líderes, por quatro razões principais:

- As equipes não conhecem as metas — apenas 15% dos colaboradores sabem quais são os principais objetivos da organização.
- Não sabem como alcançá-las.
- Não há um placar para acompanhar o progresso.
- Falta de prestação de contas — menos de 10% das pessoas se reúnem formalmente com seus gestores pelo menos uma vez por mês para discutir o andamento das metas.

A 4DX se baseia em quatro pilares:

- Focar o crucialmente importante — definir o que deve ser priorizado e medido.
- Atuar nas medidas de direção — concentrar esforços nas atividades que mais impactam as metas.

- Manter um placar envolvente — garantir que os indicadores estejam sempre visíveis e atualizados.
- Criar uma cadência de responsabilidade — encontros regulares para discutir resultados e ajustar ações.

Para saber mais sobre essa metodologia, recomendo visitar o site da Franklin Covey: https://franklincovey.com.br/as-4-disciplinas-da-execucao (acesso em 25 ago. 2025).

Independentemente da metodologia escolhida — ou se você criar sua própria —, o mais importante é medir o desempenho da equipe em direção aos objetivos e às metas por meio de indicadores. Quais indicadores utilizar? A resposta é simples: envolva sua equipe na definição deles. Indicadores impostos pela liderança geralmente geram pouco engajamento, enquanto aqueles definidos coletivamente resultam em maior motivação e comprometimento.

Para definir os indicadores com sua equipe, siga estes passos:

- Explique o propósito e a missão da área e da organização.
- Apresente os valores inegociáveis da empresa.
- Discuta o que gera valor para os clientes.
- Identifiquem juntos as atividades-chave de sucesso.
- Definam as metas e os objetivos a serem alcançados.
- Determinem o caminho que a equipe seguirá para atingi-los.

Idealmente, todo esse processo deve ser construído de forma colaborativa. Depois, abra espaço para que a equipe sugira quais indicadores usar para medir o progresso, considerando os seguintes aspectos:

- Mensuráveis quantitativamente.
- Fáceis de acompanhar e medir.
- Com dados disponíveis, sem depender de outras áreas, como TI, para calculá-los.
- Focados nas atividades com maior impacto nas metas.

Comece com poucos indicadores — três, no máximo — para garantir que todos possam entendê-los e acompanhá-los. Durante as reuniões regulares, reserve um tempo para analisar esses indicadores com a equipe. Mantenha-os sempre atualizados e visíveis, seja em monitores, seja em murais, *flip-charts* ou outros locais apropriados.

Gerenciar uma área ou empresa sem indicadores é como jogar basquete sem placar. Os jogadores não saberiam quantos pontos marcaram nem se estão vencendo ou perdendo. Embora o jogo possa ser divertido, sem um placar não há como avaliar o desempenho e tomar decisões para ajustar a estratégia.

RESUMO DO CAPÍTULO

- Rituais fortalecem equipes: práticas regulares promovem integração, propósito e aprendizado coletivo — desde que sejam cocriadas com a equipe e não impostas.
- Rituais malconduzidos geram resistência: a obrigatoriedade e a exposição ao ridículo, como no caso do grito de guerra forçado, podem gerar desconforto, processos trabalhistas e efeitos contrários ao desejado.
- Tipos de rituais eficazes: celebração, reconhecimento, compartilhamento de erros/acertos e conexão são pouco praticados, mas altamente eficazes para engajar e motivar equipes.
- Reuniões *one-on-one*: reuniões individuais são essenciais para a performance e o alinhamento.
- A transparência fortalece a confiança e o engajamento: compartilhar desafios e informações relevantes com a equipe gera colaboração, alivia o peso sobre o líder e reduz boatos e desconfiança.
- Equilíbrio é essencial: ser transparente não significa dizer tudo a todos, o tempo todo. É preciso considerar o contexto, a maturidade da equipe e a forma como a mensagem é transmitida.

- Falta de transparência gera ruído e medo: quando informações são ocultadas ou distorcidas, os colaboradores preenchem as lacunas com suposições, o que pode minar o moral e a produtividade.
- Transparência estratégica e responsável: bons líderes sabem quando agir como filtro, cano ou amplificador, adotando uma comunicação clara, empática e ética, que fortalece a cultura e os resultados da organização.
- Indicadores orientam a equipe como um GPS: assim como numa corrida de aventura sem bússola, equipes sem KPIs se perdem. Indicadores de desempenho mantêm o time no rumo certo, com clareza sobre metas, ritmo e progresso.
- Gestão visual motiva e engaja: ferramentas como Kanban, OKRs e 4DX tornam os objetivos visíveis e acessíveis, aumentando o envolvimento da equipe e a responsabilidade pelo desempenho.
- Participação na definição gera comprometimento: indicadores definidos em conjunto com a equipe são mais eficazes do que os impostos pela liderança, pois reforçam o senso de propósito e pertencimento.
- Visualização constante é essencial: manter os indicadores atualizados e visíveis (em murais, monitores etc.) ajuda a equipe a acompanhar resultados, corrigir rotas e tomar decisões com base em dados reais.

Da Cidade do Cabo a Helsinque em menos tempo

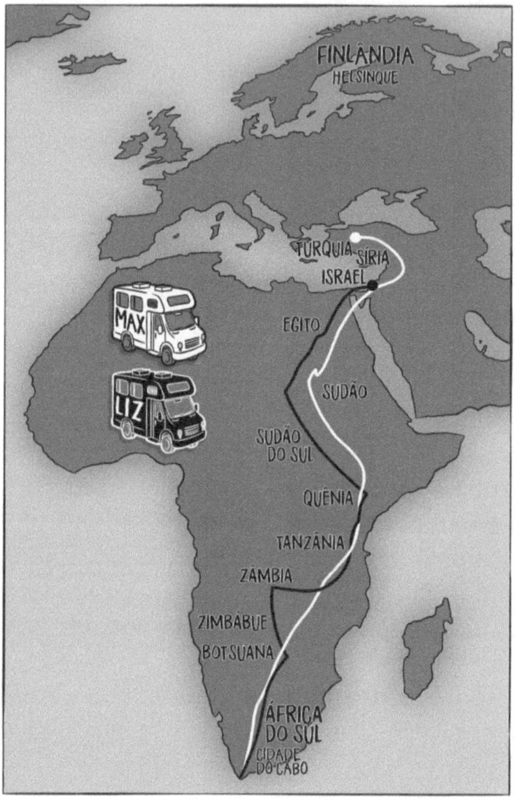

A travessia pelo Sudão se tornou um pesadelo para Max. Tempestades implacáveis, encontros com guerrilhas e estradas intransitáveis transformaram a jornada em um calvário. Exausto e sobrecarregado, Max se via obrigado a resolver todos os problemas sozinho. O ritmo de 800 quilômetros diários exauria a equipe, gerando tensões e conflitos constantes. Max, autoritário, impunha sua vontade para controlar a situação.

Enquanto a equipe dormia, Max passava noites em claro buscando soluções. A exaustão o consumia, e a equipe se tornava cada vez mais dependente, esperando que ele resolvesse todos os problemas. A frustração de Max aumentava a cada dia.

A equipe de Liz entrou no Sudão 24 horas depois de Max. O entusiasmo era contagiante, impulsionado pela sensação de levar esperança e conhecimento às crianças. Professores e diretores expressavam sua gratidão, trocando contatos e prometendo manter o vínculo. Liz, ciente da vantagem de Max, decidiu manter o plano original, priorizando a construção coletiva, a união e o engajamento da equipe.

No Sudão, a equipe enfrentou desafios: uma quebra no deserto, uma tentativa de assalto e um surto de malária. Beth, precavida, havia alertado sobre os perigos da travessia. Todas as noites, Liz reunia a equipe para encontrar soluções e antecipar os problemas do dia seguinte. Em caso de impasse, Liz tomava a decisão final.

Liz também se dedicava a conversas individuais, ouvindo as necessidades e preocupações de cada membro. Nessas conversas, reforçava os valores inegociáveis, relembrava os acordos e revisava o alinhamento de expectativas. A equipe reclamou do odor corporal de Mark. Em uma parada, Liz conversou com ele, que explicou sua alergia a desodorantes e que não tinha o costume de tomar banho todos os dias. Liz explicou o contexto e ele se comprometeu a lavar as axilas com frequência e tomar banho diariamente.

A travessia pelo Egito também foi um fardo para Max. Exausto e frustrado, ele lutava para manter a disciplina na equipe. A desorganização o irritava, e ele precisava constantemente lembrar a todos sobre limpeza e higiene. A tensão com Fred, o navegador, atingiu o ápice quando este assediou mulheres, incluindo Maria, a cozinheira. O clima se tornou insuportável, e Max se esforçava para manter a equipe unida.

A situação explodiu quando dois membros da equipe reclamaram da grosseria de Fred. Max reconhecia o talento de Fred como motorista, mas acreditava que a equipe deveria ser mais resiliente e ignorar suas atitudes. Max mediou o conflito, mas a discussão consumiu um tempo precioso. A equipe exigiu folga e Max recusou, alegando que estavam em uma competição. Para animar a equipe, Max prometeu um bônus em caso de vitória. A notícia foi bem recebida, e a equipe voltou a cooperar.

Alguns dias antes de entrar no Egito, Liz reuniu sua equipe para definir rituais para a viagem. Decidiram realizar uma reunião diária de 15 minutos pela manhã para se conectar, compartilhar sentimentos e revisar o plano do dia. Também decidiram celebrar a entrada em cada país com um jantar especial e cerveja, reconhecendo o membro que mais contribuiu na etapa anterior, que ganharia o direito a um banho mais longo e a escolher a *playlist* do dia seguinte. A cada três dias, a equipe se reuniria para refletir sobre o que funcionou e o que precisava ser ajustado.

Em uma dessas reuniões, logo após deixarem o Sudão, a equipe expressou o desejo de conhecer o Cairo. Afinal, a missão incluía a conexão entre culturas e aprendizados. Para acomodar essa parada, decidiram dirigir uma noite inteira durante a travessia pelo Egito e, assim, ganhar o tempo necessário para um dia de visita às pirâmides e ao Museu Egípcio.

O bônus prometido por Max manteve a equipe relativamente motivada durante a travessia de Israel e da Síria, mas a trégua acabou ao cruzarem a fronteira para a Turquia. Revoltado com o que considerava um "mimimi" constante, Max adotou uma postura autoritária, exigindo obediência irrestrita. No segundo dia em solo turco, a imprudência cobrou seu preço: o motor do ônibus simplesmente se rendeu, fundindo em um estrondo metálico. O diagnóstico era sombrio: pelo menos 24 horas de reparos e um rombo considerável no orçamento. A estratégia de rodar 800 quilômetros por dia havia concedido a Max uma vantagem inicial, mas agora ele encarava a dura realidade de ter forçado o veículo além de seus limites.

Enquanto isso, a experiência transformadora da equipe de Liz no Cairo serviu de inspiração para replicar o feito em Israel. Em um esforço conjunto, revezaram-se ao volante para garantir um dia livre em Jerusalém. Até aquele momento, haviam compartilhado seus conhecimentos com muita gente, um marco significativo em direção à meta de impactar 3 mil vidas ao longo da jornada. Uma análise cuidadosa revelou que as aulas de Christie haviam alcançado cerca de 1.500 pessoas, um número ainda distante do objetivo estabelecido para aquela etapa da viagem. Cientes de que restavam dez países a serem explorados, calcularam que precisariam impactar uma média de 150 pessoas por local. Para otimizar seus esforços, Christie propôs contatar seus amigos na Universidade de Istambul, com a esperança de organizar uma palestra que atraísse um público numeroso e aliviasse a pressão sobre o grupo.

Além do número de pessoas impactadas, a equipe de Liz havia definido outros indicadores de progresso para monitorar de perto o andamento da expedição. Um deles era a quilometragem diária, com uma meta ambiciosa de 600 quilômetros por dia. Para garantir os dias de folga no Cairo e em Jerusalém, haviam se superado, percorrendo 1.200 quilômetros em duas ocasiões. No entanto, uma série de imprevistos havia reduzido a média diária para 580 quilômetros. Com a aprovação unânime do grupo, Beth analisou cuidadosamente as rotas restantes e identificou trechos com estradas em perfeitas condições, onde seria possível atingir até 650 quilômetros por dia, compensando o atraso. Com um plano claro em mãos, Beth ajustou as rotas e as paradas, buscando maximizar a eficiência dali em diante.

CAPÍTULO 15

Case Best Buy

O *turnaround* da Best Buy é um exemplo claro do impacto positivo da implementação de práticas de alinhamento, governança e da criação de um ambiente seguro, como descrito neste livro. Esse processo foi liderado por Hubert Joly, que ocupou o cargo de CEO da Best Buy, varejista norte-americana de eletrônicos, entre 2012 e 2019. Sua trajetória e as mudanças que ele promoveu na empresa estão detalhadas em seu livro *O coração do negócio*.

Em 2012, muitos especialistas previam o fim da Best Buy, pois o crescimento do consumo de eletrônicos estava estagnado e as vendas precisavam ser cada vez mais customizadas. A empresa enfrentava sérias dificuldades para competir com gigantes do e-commerce, como a Amazon. Quando Joly assumiu, a Best Buy estava à beira da falência, lutando para sobreviver.

No entanto, Joly conseguiu transformar a empresa, priorizando o bem-estar dos clientes, a satisfação dos funcionários e a sustentabilidade ambiental. Ele implementou um novo modelo de negócios, focado em propósito e em pessoas. Em apenas sete anos, ele recuperou a Best Buy ao colocar as pessoas em primeiro lugar, promovendo valores sólidos e conectando toda a organização a um propósito comum: melhorar a vida dos clientes. Joly também implementou uma cultura de empatia e humildade entre os líderes, acreditando que a empatia gera confiança e entendimento nas equipes, criando um ambiente colaborativo. Para ele, o papel do líder é inspirar, promover uma cultura de confiança, colaboração e comunicação aberta, além de criar valor para todas as partes interessadas, não apenas para os acionistas. Ao fazer isso, ele estimulou a inovação e a criatividade na empresa.

Um ponto de virada importante foi a adoção do modelo RACI, que define claramente quem é responsável por cada decisão. Joly afirmou que esse modelo trouxe uma "libertação", pois descentralizou as decisões e permitiu maior autonomia.

Outro fator crucial para o sucesso da recuperação foi a ênfase nas relações humanas. Joly deixou claro que a estratégia da Best Buy era colocar as pessoas à frente dos lucros, cuidando de todas as partes interessadas. Em 2017, uma série de workshops foi realizada para ensinar os líderes das lojas nos EUA a "serem humanos" e a se relacionarem melhor com os clientes. A cultura da empresa mudou: em todas as reuniões mensais, os temas eram discutidos em uma ordem clara — primeiro os funcionários, depois os clientes, e só então as finanças. Até os relatórios ao conselho seguiam essa lógica. Nos encontros de liderança, havia sempre um espaço para os gerentes e funcionários da linha de frente compartilharem histórias inspiradoras.

Joly também acreditava que ouvir os funcionários da linha de frente era o melhor ponto de partida para entender a realidade da empresa. Ele percebeu que muitos clientes saíam das lojas sem comprar nada, apenas pesquisando preços. A solução para esse problema veio diretamente dos vendedores, que conheciam bem os clientes, e não da alta gestão.

A recuperação da Best Buy também foi impulsionada pelo desenvolvimento de conexões humanas. Gerentes foram treinados para criar um ambiente de pertencimento, o que motivou os funcionários a darem o melhor de si. Além disso, Joly fomentou a autonomia, afirmando que "não existe inovação sem liberdade para experimentar novas ideias". Ele também mantinha a "energia humana" elevada, comemorando cada vitória, por menor que fosse.

Antes de Joly, o propósito da Best Buy era simplesmente vender eletrônicos e superar concorrentes como Walmart e Amazon. Uma das iniciativas mais impactantes de Joly foi a definição de um propósito inspirador: "Enriquecer a vida dos clientes por meio da tecnologia". Isso abriu novos horizontes, motivou os colaboradores e reconquistou a lealdade dos clientes. Os vendedores se tornaram consultores pessoais, ajudando os clientes a interagirem melhor com os produtos, o que trouxe de volta muitos consumidores que haviam abandonado a empresa.

Esse propósito não ficou apenas no discurso. Várias ações foram implementadas para conectar os colaboradores ao propósito da empresa. Nas lojas, era comum que os gerentes registrassem sonhos pessoais dos funcionários em um quadro branco e desenhassem planos de ação para ajudá-los a realizá-los. O blog da empresa compartilhava histórias de funcionários que realizavam ações ligadas ao propósito, como consertar brinquedos ou ajudar veteranos sem-teto.

Joly não se comportava como um líder herói. Ele era transparente e não tinha medo de mostrar suas vulnerabilidades. Compartilhava tanto as boas notícias quanto os desafios, e pedia ajuda sempre que necessário, inclusive aos fornecedores.

A Best Buy também adotou KPIs não financeiros, como índices de satisfação de clientes e funcionários, redução da pegada de carbono e progresso em direção ao propósito. Essas mudanças criaram um ambiente de colaboração, inovação e crescimento sustentável, provando que o foco em pessoas e propósito pode ser uma estratégia vencedora.

RESUMO DO CAPÍTULO

- Hubert Joly, CEO da Best Buy entre 2012 e 2019, liderou a transformação da empresa ao priorizar o bem-estar de clientes e funcionários, além da sustentabilidade ambiental, durante um período de crise.
- Joly implementou um modelo de negócios focado em propósito e pessoas, promovendo uma cultura de empatia, humildade e colaboração, com os líderes inspirando e criando valor para todas as partes interessadas.
- A adoção do modelo RACI descentralizou a tomada de decisões, permitindo maior autonomia e eficiência nas operações.
- A estratégia de colocar as relações humanas no centro do negócio incluiu workshops para líderes e uma nova cultura que priorizava funcionários e clientes antes das finanças nas discussões.
- A definição de um propósito inspirador — "Enriquecer a vida dos clientes por meio da tecnologia" — motivou os colaboradores e reconquistou clientes, destacando os vendedores como especialistas ao lado dos consumidores.
- Joly promoveu KPIs não financeiros, como satisfação de clientes e funcionários e sustentabilidade, além de criar um ambiente de inovação com celebrações constantes das pequenas vitórias.

CAPÍTULO 16

Até o exército norte-americano se rendeu à formação de times

Nada representa tão bem uma estrutura de comando e controle quanto o exército. As decisões são tomadas no topo, e a base é treinada para executar ordens sem questionar. Provavelmente, há alguns generais que ainda concordam com a frase supostamente dita por Henry Ford: "Por que será que todas as vezes que eu peço por um par de mãos, elas vêm acompanhadas por um cérebro?".

Mas até mesmo no exército essa forma de liderar começou a ser questionada. Há três comandantes norte-americanos que conseguiram resultados fantásticos com um modelo de liderança totalmente diferente. Os três amenizaram a tradicional estrutura hierárquica, despiram suas fantasias de herói e empoderaram seus soldados a tomarem decisões. Um deles conseguiu reverter uma derrota iminente na Guerra do Afeganistão. Outro assumiu o submarino USS *Santa Fe*, que tinha os piores indicadores de toda frota norte-americana, e conseguiu transformá-lo no melhor. Finalmente, o navio de guerra USS *Benfold*, que também tinha péssimos indicadores, se tornou um dos melhores com as ações de um novo líder.

A eficiência norte-americana estava "tomando um pau" da agilidade da Al-Qaeda

Praticamente todos os exércitos são extremamente hierárquicos e quem está no campo guerreando é treinado para cumprir ordens e não pensar muito.

A estratégia é conseguir uma superioridade tecnológica e armamentista e, com isso, eliminar as duas primeiras camadas de comando do inimigo. Feito isso, os soldados adversários ficam feito baratas tontas sem saber o que fazer, pois não há mais ninguém os direcionando. Bastará então cercar os inimigos uniformizados e pressioná-los a se entregarem. A hierarquia rígida, o planejamento milimétrico e a eficiência na execução ajudam a colocar ordem no caos da guerra. O uso intensivo da tecnologia e da análise dos dados ajuda a prever o que acontecerá no futuro, com base nas experiências do passado.

Pois é! No Afeganistão, isso não funcionou. Os insurgentes da Al-Qaeda não se organizavam em uma estrutura tradicional, com líderes definidos. Seu exército era formado por times pequenos, que se comunicavam de maneira muito rápida e eficiente, com autonomia para agir. Não possuíam grandes bases para se agrupar e os soldados usavam roupas civis, se misturando com a população. Os integrantes eram guiados por um propósito que os motivava e encaravam a morte como uma premiação. As batalhas eram travadas no meio das cidades, dificultando as investidas do exército norte-americano, pois havia um risco muito alto de matar civis. Eles recolocavam rapidamente seus quadros, recrutando pessoas que defendiam sua causa pela internet. Seus times se moviam muito rápido, se agrupando, desagregando e reagrupando novamente. Eles eram extremamente ágeis nos ataques e nas fugas. Para os norte-americanos, as experiências do passado não estavam mais ajudando a planejar o futuro.

O general Stanley McChrystal foi recrutado para comandar o exército norte-americano no Afeganistão em 2003 para reverter esse quadro. Ele começou a perceber que cada inimigo morto incitava outros cinco a se filiarem ao movimento, motivados pela vingança. Depois de um tempo viu também que, por mais que eles tivessem tecnologia para capturar e analisar dados, era praticamente impossível prever os movimentos do inimigo. A eficiência norte-americana estava "tomando um pau" da agilidade da Al-Qaeda. Essa situação se tornou um grande constrangimento, pois como era possível que o exército mais equipado e treinado do mundo pudesse estar perdendo para um inimigo mal treinado e com poucos recursos?

Para ganhar a Guerra do Afeganistão foi necessário montar um time de times

A solução adotada por McChrystal para lidar com um inimigo imprevisível e desconhecido foi mudar completamente a forma de atuar. O primeiro passo foi treinar os soldados para eles terem autonomia para tomar as decisões no campo de batalha. Feito isso, foram criados centenas de times pequenos e empoderados para agirem autonomamente, porém com um sofisticado modelo de compartilhamento de informação, que o general denominou "consciência compartilhada". Houve uma grande preocupação em fazer uma conexão entre as pessoas de cada time para que os soldados confiassem uns nos outros. As equipes atuavam de forma interdependente, e cada membro de um time deveria conhecer pelo menos uma pessoa dos demais times. A estrutura de comando e controle foi amenizada para fomentar a colaboração e a autonomia para que os times conseguissem ser ágeis para entender o campo de batalha, se adaptar a cada situação encontrada e agir com autonomia para resolver seja lá o que encontrassem pela frente, sem ficar esperando por uma ordem de cima. Somente dessa maneira o exército norte-americano conseguiu fazer frente ao inimigo e começar a ganhar a guerra.

Tudo isso foi possível pela maturidade de consciência do general, que se despiu de sua fantasia de herói. O próprio McChrystal afirmou que um líder deve se distanciar do papel de super-homem que tem as respostas e as soluções para tudo, e dedicar-se a criar a união de sua equipe.

A habilidade de reagir rapidamente e se adaptar passa a ser fundamental para a sobrevivência

McChrystal faz um paralelo da situação vivida pelo seu exército com o mundo dos negócios dos dias de hoje. Antigamente, os mercados eram mais lentos e previsíveis. Os inimigos (competidores) eram conhecidos e facilmente mapeados. O segredo do sucesso era elaborar uma estratégia, fazer um bom planejamento e caprichar na eficiência e na execução. Porém, assim como no Afeganistão, os competidores atuais não são mais os que conhecemos. Eles brotam de todas as partes, são ágeis, muitos têm modelos de negócios disruptivos e não raramente são movidos por propósitos que empolgam seus "soldados". Assim como na guerra, os mercados em que atuamos mudam constantemente e são imprevisíveis. Diante desse cenário, adaptabilidade e agilidade se tornam mais importantes do que a eficiência. Empresas que são muito eficientes, mas que atuam no modelo de comando e controle, se tornam lentas e burocráticas e terão uma chance grande de perder a guerra contra os novos competidores, que são muito mais ágeis, disruptivos e empáticos com os clientes.

Como McChrystal enfatiza, na guerra ou nos negócios, a habilidade de reagir rapidamente e se adaptar passa a ser fundamental para a sobrevivência. A revolução digital mudou completamente o campo de batalha, deixando-o imprevisível. Tudo isso aconteceu muito rápido. Veja o caso da GE, que em 2003 foi considerada a empresa mais valiosa do mundo e quinze anos depois foi tirada do Dow Jones (o principal indicador financeiro do mercado de ações norte-americano) por apresentar resultados financeiros muito ruins. As renomadas e invejadas eficiência e capacidade de execução da empresa exigiam um nível alto de controle e de burocracia, tornando a empresa lenta para se transformar e se adaptar aos novos tempos. Como resultado, ela acabou vendendo várias de suas unidades para poder se recuperar.

McChrystal cunhou o termo "time de times" para representar a estrutura que montou para ganhar a guerra do Afeganistão. Esse termo acabou virando referência para o mundo dos negócios e muitas empresas hoje em dia desejam de alguma forma adotar um modelo semelhante a esse. Algumas organizações começam nesse movimento montando equipes que usam a metodologia ágil. O Banco ING e a Vivo, por exemplo, montaram centenas de esquadrões ágeis para se modernizarem, resolverem alguns dos seus problemas, ganharem eficiência e aumentarem a empatia com os clientes. O estudo Global Human Capital Trends, realizado pela Deloitte em 2019 com 10 mil empresas, mostra que 31% das empresas entrevistadas se reestruturaram para trabalhar de maneira menos hierárquica por intermédio de times.

A empresa chinesa Haier, a maior fabricante de linha branca do mundo, criou sua própria metodologia, que vai além do conceito de "time de times". Com o objetivo de ganhar agilidade e adaptabilidade e, principalmente, zerar a distância entre seus funcionários e clientes, seus mais de 100 mil colaboradores foram organizados em times pequenos com total autonomia. Com isso, a empresa virou uma referência no mundo dos negócios, pois conseguiu ter desempenhos muito superiores aos dos seus concorrentes, e acabou comprando a divisão de eletrodomésticos da GE.

O caso do general McChrystal retratado aqui se alinha bem com muitos dos conceitos de times autogeridos. Alguns dos principais movimentos que ele realizou e que se assemelham aos mencionados neste livro são:

- A criação de times empoderados para decidir.
- A comunicação constante e transparente entre times, departamentos e unidades.
- Rituais para estimular a confiança.
- A conexão dos membros do time para a criação de uma consciência coletiva (que muito se assemelha ao conceito da Mente Coletiva).
- A desconstrução do papel do líder herói que sabe tudo e mostra os caminhos.
- A tomada de decisão descentralizada.
- Contatos frequentes dos grupos para manter a conexão ativa.

Napoleão Bonaparte disse: "A grande arte é mudar durante a batalha. Ai do general que vai para o combate com um esquema".

Talvez ele já tenha sacado, há 200 anos, o que o general McChrystal percebeu no Afeganistão. A diferença foi que o imperador francês venceu batalhas, mas acabou perdendo a guerra, pois as mudanças no campo dependiam de sua presença física dando ordens. Já o general norte-americano ganhou a guerra dando autonomia para que seus soldados promovessem as mudanças que eles julgavam serem importantes.

E você, líder, continua achando que as mudanças necessárias dependem de você dando ordens e apontando os caminhos? Cuidado com sua retaguarda!

Os marinheiros quase sempre tinham melhores insights do que seus superiores

O capitão D. Michael Abrashoff se tornou uma lenda comandando o navio de guerra USS *Benfold*, história retratada no livro *It's your ship* (*É o seu navio*, em tradução livre). Quando ele assumiu o navio, encontrou nele o que havia de melhor em termos de tecnologia naval, mas, apesar disso, a embarcação apresentava uma produtividade muito baixa. Ele levou meses para formar uma tripulação confiante, com iniciativa e que assumisse responsabilidade pelas suas ações, conseguindo com isso reduzir enormemente os custos vigentes e atingindo os mais altos indicadores de desempenho da frota do Pacífico.

O comandante ficou chocado quando descobriu que o primeiro fator que incentiva as pessoas a largarem a Marinha era o fato de elas não serem tratadas com dignidade. O segundo era a sensação de estar trabalhando, mas não ter a chance de gerar impacto dentro da organização militar. O terceiro motivo pelo qual os marinheiros abandonavam a força naval era não serem escutados. O quarto, não receberem mais responsabilidade e, por fim, a baixa remuneração era apenas o quinto fator. Abrashoff passou então a fazer tudo ao contrário do que reza a cartilha militar. Ele passou a dar cada vez mais responsabilidade para seus liderados na ponta, abriu um canal para ouvi-los ativamente e passou a respeitar suas opiniões.

Os dois princípios básicos que nortearam o comandante nessa jornada foram a crença de que sempre há uma maneira melhor de fazer as coisas e a de que os tripulantes, por estarem vivenciando na ponta os problemas de perto, conseguem ter uma visão melhor das possíveis soluções. Ele percebeu, ao longo de sua carreira, que os marinheiros quase sempre tinham melhores insights do que seus superiores. Assim, ele os empoderou para que melhorassem e consertassem as coisas sem precisar ficar o tempo todo pedindo autorização.

O comandante explica:

> Em nenhuma organização alguém é capaz de tomar as decisões importantes sozinho. Ninguém consegue saber tudo o que está acontecendo. Empoderar significa estabelecer os parâmetros nos quais as pessoas têm a permissão de operar e deixá-los livres para agir. Meu trabalho passou a ser criar um ambiente que permitisse às pessoas desenvolverem seus potenciais. A melhor forma de deixar o navio no curso certo é dar responsabilidade para as pessoas. Criar um ambiente onde as pessoas tenham a liberdade para falar e dar ideias. O time foi treinado para tomar decisões. Lidere pelo exemplo, escute atentamente, comunique propósi-

to e razão, crie um clima de confiança, gere união, melhore a qualidade de vida das pessoas.

Abrashoff acredita que a receita perfeita para um desastre a bordo acontece quando um líder:

- Acredita estar acima dos outros.
- Anuncia decisões com pouca ou nenhuma consulta à base.
- Deixa claro que as ordens não podem ser questionadas.
- Não estabelece um objetivo comum que inspire uma diversidade de grupo de pessoas a trabalharem juntas.
- Não mostra a importância do trabalho de cada um.
- Pune pelo que cada um tem de pior em vez de valorizar o que cada um tem de melhor.

"Líder-líder" em vez do tradicional "líder-comandado"

Outro caso semelhante é o do comandante L. David Marquet, que em 1999 assumiu o comando do USS *Santa Fe*, considerado o submarino nuclear com o pior índice de performance da frota norte-americana. No livro *Mude de direção!*, ele conta como conseguiu transformá-lo em um submarino de alta performance, implementando um sistema inovador de gerenciamento denominado "líder-líder", em vez do tradicional "líder-comandado".

O comandante Marquet adotou uma estratégia muito similar à de Abrashoff, eliminando o tradicional modelo de comando centralizado. Segundo Marquet, em uma ocasião, ele inadvertidamente deu uma ordem descabida para alguns membros de sua tripulação e ficou chocado que as pessoas aceitaram seu comando sem questioná-lo, mesmo sabendo que o pedido não fazia o menor sentido e era impossível de ser realizado. Ele tinha consciência de que não conhecia quase nada sobre aquele submarino e, mesmo assim, as pessoas aceitavam quaisquer ordens suas sem contra-argumentar, mesmo sabendo que o pedido era um absurdo. Para o comandante, essa é uma situação que tem um potencial enorme de gerar catástrofes a bordo.

A partir disso, passou a estimular as pessoas a terem uma postura questionadora em vez de uma obediência cega, criando um ambiente de confiança para que as pessoas pudessem dar suas opiniões. Ele empoderou seus marinheiros a trazerem soluções em vez de ficarem esperando por um comando. "Antes os tripulantes perguntavam: 'o que eu devo fazer?'. Em um primeiro momento, foram incentivados a dizer: 'eu tenho a intenção de fazer isso, OK?'", explica Marquet. Após um tempo, cada membro da equipe de Marquet se tornou um líder, assumindo dessa forma a responsabilidade por seus atos e decisões. O moral e o engajamento da tripulação foram para as alturas. Nos anos que se seguiram, o *Santa Fe* se tornou um dos submarinos com os melhores níveis de performance de toda a frota norte-americana e vários de seus marinheiros acabaram se tornando comandantes de outros submarinos.

Assim como acontece na Marinha, uma má liderança também é o principal fator responsável pelo desengajamento e por pedidos de demissão das pessoas nas organizações. Segundo pesquisas da consultoria de recrutamento Michael Page, 80% dos profissionais pedem demissão por causa do seu chefe. Em um longínquo segundo lugar, vem a falta de perspectiva de crescimento profissional e, em terceiro, a falta de feedback para desenvolvimento profissional.

Como bem ensinaram os dois militares, a principal coisa que um bom líder tem de aprender a comandar é seu próprio Ego. Lao-Tsé, filósofo chinês e fundador do taoismo, disse, muitos anos atrás: "Para comandar os homens, marche atrás deles".

RESUMO DO CAPÍTULO

- Até no exército a liderança tradicional militar foi desafiada: Alguns generais norte-americanos abandonaram o modelo hierárquico rígido e empoderaram soldados para tomarem decisões autônomas, resultando em reviravoltas em unidades com desempenho ruim.
- A Al-Qaeda vencia pela agilidade e descentralização: No Afeganistão, a estrutura flexível, descentralizada e motivada da Al-Qaeda superou por um tempo a eficiência previsível e lenta

do exército norte-americano, exigindo uma mudança radical de abordagem.

- "Time de times" foi a resposta norte-americana: O general McChrystal criou pequenos times interdependentes, com forte comunicação e autonomia, baseados em "consciência compartilhada", revertendo a desvantagem na guerra.
- Empresas vivem um cenário parecido: o mundo corporativo atual, volátil e imprevisível, exige agilidade e adaptabilidade — características que superam a simples eficiência e burocracia do comando e do controle.
- O novo líder promove autonomia, não controle: o papel do líder moderno é criar conexões, confiança e um ambiente onde decisões são tomadas na ponta. Modelos como os da Haier, ING e Vivo refletem essa transição organizacional.
- Liderança baseada em escuta e empoderamento: o capitão Abrashoff transformou o USS *Benfold* ao dar voz e responsabilidade à tripulação, apostando que quem está na linha de frente tem os melhores insights para resolver problemas.
- O desengajamento vinha da falta de dignidade e impacto: os principais motivos de evasão na Marinha não eram salariais, mas sim a falta de respeito, de voz, de responsabilidade e de propósito no trabalho.
- Princípios de liderança transformadora: Abrashoff defendeu que líderes devem criar um ambiente de confiança, escutar ativamente, comunicar propósito e dar autonomia para decisões na ponta.
- Modelo "líder-líder" de Marquet: no submarino USS *Santa Fe*, Marquet substituiu o comando centralizado por um modelo em que cada tripulante agia como líder, responsável por suas decisões, o que levou o submarino da pior à melhor performance.
- Obediência cega é um risco: Marquet percebeu o perigo de liderar uma equipe que executa ordens sem pensar. Ele cultivou um ambiente em que questionar e propor soluções era esperado e valorizado.
- Má liderança afasta talentos: em empresas, assim como na Marinha, chefes autoritários e distantes são a principal razão para demissões. Um bom líder deve controlar o ego e colocar sua equipe em primeiro lugar.

CAPÍTULO 17

Primeiros passos

Se você chegou até aqui, é provável que esteja ansioso para começar a implementar as várias recomendações. Calma! A ideia não é que você saia fazendo tudo de uma vez só. O primeiro passo é fazer um diagnóstico da sua equipe, da forma que ela trabalha e do seu jeito de liderar. Identifique o que é mais crítico. Se sua equipe não está se entendendo, está batendo cabeça e tendo retrabalho, a questão da governança é fundamental. Se ela está perdida ou sem foco, dê atenção ao alinhamento de foco ou direção. Se a equipe está muito desengajada, mergulhe na questão da criação de um ambiente seguro. Se ela estiver muito passiva, veja se você não está sendo muito heroico ou centralizador.

Depois de analisar e diagnosticar centenas de equipes, foi possível perceber que os pontos mais falhos na formação de times são a falta de alinhamento de expectativas, de feedbacks construtivos e de rituais. Um ponto crucial que merece atenção é aprender a conduzir reuniões de maneira mais produtiva. A maioria das pessoas nunca teve a oportunidade de participar de uma reunião estruturada com uma metodologia eficaz. Reuniões sem um processo definido têm grande chance de se tornarem improdutivas e frustrantes. Por isso, muitos não percebem a importância de aprimorar essa habilidade. No entanto, acredite: uma reunião bem conduzida pode ser uma das ferramentas mais poderosas para fortalecer e alinhar uma equipe. Recomendo fortemente que você se aprofunde nesse assunto e aprenda o máximo possível sobre como facilitar reuniões com eficiência.

Se você rasgar sua capa de herói, construir uma meta clara com sua equipe, alinhar o que espera de cada um na jornada, souber conduzir bem uma reunião, dar mais feedbacks construtivos e garantir que haja uma rotina de rituais que promovam conexão, pertencimento, celebração, ideação e acompanhamento, você já dará um grande passo para formar um time de alta performance.

O importante é você ter a consciência de que é preciso investir tempo seu e de sua equipe na formação de um time. É muito comum ver líderes que não investem nenhum tempo na formação de um time. Não pense que após ficar um ano inteiro sem investir nisso, basta fazer um evento anual externo com sua equipe e contratar alguém para fazer algumas dinâmicas de *team building* e pronto, tudo estará resolvido. Isso é o mesmo que querer ficar musculoso e perder a barriga sem ir à academia o ano todo e, em um fim de semana, fazer ginástica por 18 horas. Não irá funcionar. Talvez você perca um quilo ou dois, que voltarão ao seu corpo na semana seguinte.

As ações relacionadas ao primeiro pilar (cultura de empoderamento) e ao quinto pilar (ambiente de confiança) do mapa para a formação de times autogeridos devem ser praticadas continuamente no dia a dia. Já as ações de alinhamento e governança podem ser realizadas com uma frequência menor — semestral ou até anual —, dependendo da volatilidade da sua área ou do mercado em que atua.

Sempre que sua equipe, organização ou mercado passar por uma mudança significativa, é fundamental revisitar essas ações para garantir que tudo ainda faça sentido diante do novo cenário. Por outro lado, se não houver grandes mudanças e sua equipe estiver atuando com foco no que realmente gera valor, mantendo um bom desempenho, essas práticas podem ser retomadas com menos frequência.

A formação de um time é um processo e não uma atividade. É preciso investir um pouco de tempo toda semana. Também não existe time pronto. Tudo é muito dinâmico; uma pessoa que sai ou uma que entra muda toda a configuração. Os momentos de vida e as ambições dos seus liderados e oportunidades que surgem nas organizações mudam o tempo todo, afetando também as relações dos membros de uma equipe.

Manter a equipe engajada, alinhada, focada no que gera valor e trabalhando com pouco atrito e retrabalho requer uma atenção constante do líder, dando feedbacks, alinhando expectativas, garantindo que os rituais aconteçam, fazendo perguntas provocativas, transformando conflitos, defendendo os valores e propósito, e atualizando os acordos e combinados. Peça para sua equipe ajudá-lo. Invista tempo para ganhar tempo. Lembre-se de que alinhamento e governança permitirão que sua equipe gere muito valor trabalhando com autonomia.

Um time que atua com autonomia te permitirá ter mais tempo livre para justamente dar atenção à formação do time. Também te ajudará a ter mais tempo para se dedicar às três atividades mais importantes de um líder:

- Criar e garantir conexões.
- Fazer as pessoas da equipe evoluírem.
- Atuar nas atividades que geram mais valor.

Também é importante se conhecer para saber onde você pode tropeçar. Cada perfil comportamental terá facilidades e dificuldades com alguns dos aspectos do mapa de times autogeridos. Veja a seguir os quatro perfis predominantes do DISC e a quais pontos você deve ficar atento.

Dominante

Se você tem um perfil mais direto, prático e rápido, competitivo, que gosta de mandar, não tem muita paciência e não é um bom ouvinte, provavelmente você é um Dominante. Pessoas com esse perfil geralmente têm dificuldade de deixar de lado sua capa de herói. Fique atento a esse ponto e lembre-se: quanto mais herói você for, mais sua equipe tende a ser passiva e acomodada. Você é uma pessoa que não gosta de rotina; assim, peça ajuda para alguém da sua equipe ser o guardião dos rituais. Invista tempo em explicar e dar o contexto sobre o que você quer de sua equipe. O excesso de objetividade e a rapidez poderão gerar mal-entendidos e confusão, o que poderá afetar negativamente o alinhamento da equipe.

Cuidado para não liderar pela intimidação e pela autoridade. As pessoas que trabalham por temor ao seu líder raramente colocarão seu coração no trabalho e na primeira oportunidade irão embora. Abra-se para escutar as pessoas da sua equipe. Ao não ouvi-las, você não só as desmotivará, mas também perderá pontos de vista complementares aos seus. Tudo isso te atrapalhará na criação de um ambiente seguro.

Envolva as pessoas nas construções das soluções dos problemas. Elas se comprometem muito mais quando se sentem pertencentes. Elogie mais a sua equipe. Estudos mostram que as pessoas evoluem mais com elogios do que com críticas. Cuidado para não ser direto ou duro demais com pessoas emotivas. O desempenho delas cairá se elas não forem minimamente acolhidas. Finalmente, nem a pessoa mais genial do mundo está sempre certa. Assim, cuidado para não se tornar agressivo com opiniões contrárias às suas. As melhores ideias vêm do choque de opiniões diferentes.

Influente

Se você tiver um perfil que fala muito e tem facilidade em fazer amizades, não é disciplinado, não gosta de rotina e tem dificuldade de manter o foco, você provavelmente é um Influente. Assim como o perfil Dominante, que não gosta de rotina, peça ajuda a alguém disciplinada na sua equipe para ser a guardiã dos rituais.

Como você perde o foco com facilidade também, é preciso pedir que alguém te ajude nas atividades de alinhamento. Busque alguém na sua equipe que seja organizado e disciplinado para ajudar a manter a consistência de execução. Também busque alguém mais analítico para ajudar nas tomadas de decisão. Manter o foco e priorizar o que gera mais valor e o que é mais importante deve ser um mantra para você, pois você tende a se dispersar facilmente. Aprenda a ter e praticar uma comunicação mais assertiva. Cuidado para não abrir muitas frentes ou gerar muitas ideias para não confundir sua equipe. Muitas vezes você esquecerá do que foi combinado ou prometido, podendo irritar pessoas mais sistemáticas. Assim, não prometa algo que não tenha certeza de que conseguirá cumprir. Você pode ter dificuldade em cumprir os *deadlines* estabelecidos; assim, peça a ajuda da sua equipe para lembrar-lhe dos acordos e dos combinados. Cuidado para não levar as críticas para o nível pessoal.

Estável

Se você tem um perfil mais conciliador, pacífico, que tem facilidade em ouvir as pessoas, gosta de rotina, mas tem dificuldade em expressar o que está sentindo e em dizer não, sofre quando precisa ser duro e faz tudo para fugir de um conflito, provavelmente você é um Estável no DISC. No mapa de times autogeridos, você deve dar especial atenção ao feedback e à transformação de conflitos, pois são atividades que um Estável tem dificuldade. Dê mais feedbacks para sua equipe. Não adianta somente elogiar; também é preciso apontar o que não está sendo feito em relação ao que foi combinado. Como líder, muitas vezes você terá de tomar decisões impopulares. Para ser um bom ou uma boa líder, você tem de aprender a desagradar os outros e a dizer não. Muito cuidado em ser empático e tolerante demais. Cuidado para não se preocupar demais com a opinião das pessoas e, com isso, se tornar lento nas decisões. Se você não concordar com algo, se posicione. Lembre-se de que, para gerar valor, é preciso aprender a dizer não.

Você muitas vezes se contenta com o razoável com medo de se posicionar ou gerar conflitos. Por não pressionar as pessoas, sua equipe poderá se acomodar. Cuidado com o excesso de zelo e pena em despedir ou dispensar pessoas que não tenham perfil, comportamento adequado, valores ou capacidade de entrega. Isso vale para colaboradores e fornecedores.

Cuidado com o excesso de modéstia, pois pode passar uma imagem de passividade tanto para sua equipe como para seus superiores. Saia de vez em quando dos bastidores e se exponha mais. As pessoas têm muita dificuldade em saber o que você está pensando e sentindo.

Conforme

Caso você seja mais analítico, detalhista, sistemático, mental, que não gosta de correr muito risco e tem dificuldade em trocar com as pessoas, você provavelmente tem um perfil Conforme.

Pessoas com perfil Conforme têm dificuldade em criar conexões com as pessoas, algo importante na formação de times. Também têm dificuldade de abrir mão de controle, podendo ser pessoas muito centralizadoras e heroicas. Se esse for o caso, sua equipe pode se sentir desempoderada e até sufocada.

Abra espaço na sua agenda para conhecer melhor seus liderados. Procure conhecer um pouco da vida pessoal de cada um e mostre interesse pelos seus assuntos. Relações frias e distantes afastam e desengajam os liderados. Fazer novas conexões e networking provavelmente é algo que você não gosta muito de fazer, mas é algo muito importante para abrir portas e ajudar a fazer sua área ou empresa progredir. Dedique algum tempo a isso.

Entender as dinâmicas e as necessidades emocionais da sua equipe melhorará sua liderança. Assim, estude um pouco sobre psicologia, relações humanas, comportamento e comunicação. Nem todas as pessoas da sua equipe terão a mesma velocidade de raciocínio e lógica que você; assim, tenha mais paciência com elas e aprenda a admirar as pessoas pelo que elas têm de melhor.

Prudência é algo bom, mas cuidado com o excesso de cuidado e zelo, pois você poderá ficar estigmatizada como uma pessoa pessimista e que sempre bloqueia as iniciativas novas. Se você quiser progredir em uma organização, é preciso correr alguns riscos calculados. Trabalhe para aumentar um pouco sua flexibilidade; nem tudo tem de ser levado sempre a sério. Aceite que sempre haverá surpresas e imprevistos no trabalho, e cuidado para não se estressar com eles.

Time de times

Trabalhar em formato de time é uma das melhores fórmulas para engajar as pessoas para obter e superar os resultados almejados. Lembre-se de que você também deve formar um time com seus pares. É comum vermos organizações divididas em silos, cada um defendendo seus interesses e muitas vezes esquecendo os objetivos e os propósito maiores da organização como um todo. O presidente deve formar um time com seus liderados diretos. Se você for um gerente, deve formar um time com os demais gerentes. O mapa de times autogeridos é totalmente aplicável tanto para um gerente e seus liderados como para a formação de um time de gerentes ou para o time do topo da organização.

Lembre-se de que Roma não foi feita em um dia. Ações isoladas e pontuais ajudam, mas não resolvem. É o mesmo que sair de uma palestra empolgadíssimo e cheio de planos e no dia seguinte, com o atropelo da rotina, esquecer o que foi passado e se jogar de volta ao seu estado habitual de espírito. O que fará a diferença é você dedicar um pouco do seu tempo todas as semanas em atividades que ajudem a construir o time. Rituais, feedbacks, reuniões de decisão, construção ou ideação coletivas, fazer perguntas em vez de dar as respostas, ser o último a falar, ouvir mais do que falar, entre tantas outras sugeridas ao longo do livro, são algumas dessas atividades que precisam ser praticadas com frequência até virarem rotina. Peça ajuda dos seus liderados para que isso aconteça, pois a preocupação em formar um time também deve ser deles.

Boa sorte em sua jornada rumo à formação de um time autogerido de alta performance!

RESUMO DO CAPÍTULO

- Não tente implementar tudo de uma vez: comece com um diagnóstico da sua equipe e sua liderança para identificar os pontos mais críticos (governança, alinhamento, engajamento, empoderamento).
- Destaque os principais pontos de falha em equipes: falta de alinhamento de expectativas, ausência de feedbacks construtivos e escassez de rituais bem definidos são os erros mais comuns.
- Aprenda a conduzir boas reuniões: reuniões bem estruturadas são poderosas ferramentas de alinhamento e engajamento. Invista em aprender a facilitá-las com método.
- Invista tempo continuamente na formação do time: não adianta fazer ações pontuais. A formação de um time é um processo constante, que exige dedicação semanal.

- Adapte sua liderança ao seu perfil DISC: conheça seu perfil (Dominante, Influente, Estável ou Conforme) e fique atento aos seus pontos cegos e desafios naturais na liderança.
- Manutenção exige atenção constante: liderar um time exige acompanhamento frequente com feedbacks, rituais, alinhamentos e atualização de combinados, mesmo em times maduros.
- Trabalhe também com seus pares: formar um "time de times" é essencial para quebrar silos e alinhar esforços em todos os níveis da organização.
- Formar um time leva tempo e prática: o segredo está na constância. Pratique pequenas ações todas as semanas com a ajuda da equipe, e não espere por soluções mágicas ou eventos isolados.

Da Cidade do Cabo a Helsinque em menos tempo

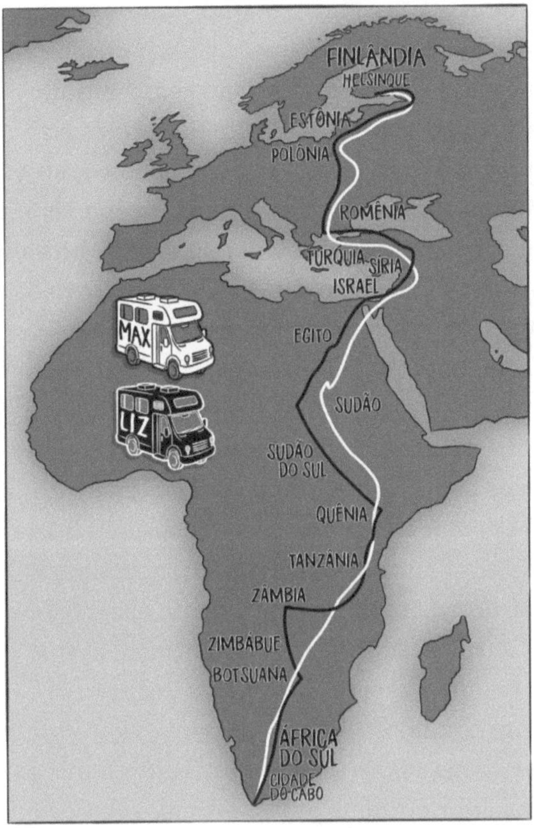

A Europa Oriental se tornou um campo de batalha para a equipe de Max, com conflitos internos escalando a níveis alarmantes. Fred e Erik, em uma aliança destrutiva, se opunham a Maria, Steven e John, dividindo a equipe em facções. Na Romênia, Maria, exausta e desiludida, decidiu abandonar a expedição. Max, ciente da penalidade de 24 horas, tentou convencê-la a ficar, mas foi em vão. Em um ato desesperado, ligou para seu irmão, um sujeito avesso ao trabalho e pouco confiável, mas a única opção disponível. O irmão chegou em Varsóvia, na Polônia, e logo se juntou ao grupo.

Um dia após deixarem Varsóvia, a situação explodiu. Fred agrediu Steven, que, em um acesso de fúria, sacou uma arma e ameaçou atirar. Max interveio, mas o dano era irreparável. Steven e John, temendo por sua segurança, abandonaram a expedição. Desesperado, Max ofereceu dobrar a remuneração, mas eles recusaram. Sem opções, Max propôs dividir o pagamento dos desistentes entre os três remanescentes, em troca de rodarem mil quilômetros por dia. A proposta foi aceita, e a jornada prosseguiu em um ritmo insano.

O ritmo era exaustivo, até para Fred e Erik. O irmão de Max se recusava a colaborar, irritando os demais. No segundo dia, Fred, exausto, cochilou ao volante e o ônibus subiu em um canteiro, batendo em um muro. O impacto foi violento, mas ninguém se feriu. O ônibus, no entanto, sofreu danos: a lateral amassada, um eixo danificado e quatro pneus furados. O desespero tomou conta de Max. Estavam na fronteira entre a Letônia e a Estônia, a menos de mil quilômetros de Helsinque, com uma vantagem de 48 horas sobre Liz.

A relação entre Max e seu irmão se deteriorou quando este, em vez de ajudar nos reparos, saiu para turistar e voltou bêbado no dia seguinte. Max, furioso, cogitou abandoná-lo, mas a penalidade de 24 horas o impediu. Fred e Erik, que passaram a noite ajudando Max, se recusaram a continuar a viagem com o irmão dele. Sem alternativas, Max o abandonou e partiu em busca de um substituto. Fred sugeriu contratar alguém apenas para a fotografia final, mas Max, que era uma pessoa honrada, recusou. A nova pessoa precisava rodar pelo menos um trecho da viagem.

Em São Petersburgo, Max e seus companheiros foram à rodoviária e ofereceram carona para Helsinque para a primeira pessoa que encontraram. Max escolheu um homem, temendo os avanços de Fred.

Após 23 dias de tormento, o ônibus de Max chegou a Helsinque. Sem notícias de Liz, ele se considerou vitorioso. A equipe posou para a fotografia na praça central, com o relógio marcando a data e a hora da chegada. Max prontamente mandou a fotografia para Liz, gabando-se de sua vitória.

Ao receber a fotografia de Max, Liz sentiu o sangue gelar. A distância até Helsinque era de 1.500 quilômetros, o que significava 22 horas de viagem. A ausência de um membro na equipe de Max concedia a Liz uma vantagem de 23 horas e 59 minutos.

A equipe de Liz havia impactado 2.700 pessoas, faltando 300 para atingir a meta. Liz reuniu a equipe ao redor de John, que continuava a dirigir, e apresentou o desafio: chegar a Helsinque e impactar as 300 pessoas restantes. O cansaço era evidente, mas a equipe aceitou o desafio. A maioria estava disposta a sacrificar a meta de impacto para garantir a vitória, mas Liz percebeu a insatisfação de Christie.

Christie, com sua paixão por compartilhar conhecimento, lembrou a todos do propósito da expedição: conectar culturas e transmitir conhecimento. Para ela, a meta de 3 mil pessoas impactadas era tão importante quanto a vitória. Como solução, propôs uma parada rápida em São Petersburgo para abastecer o ônibus enquanto ela tentava usar suas conexões para dar uma palestra na universidade local. A equipe, ciente do risco, aceitou a proposta. O cronograma permitia uma parada de uma hora, sem margem para atrasos. A equipe se revezaria ao volante para garantir o descanso de John.

Ao chegarem a São Petersburgo, Christie foi deixada na universidade enquanto o ônibus era abastecido e reabastecido com suprimentos. Mark improvisou um sistema para reabastecer o ônibus em movimento.

Após uma hora de tensão, Christie surgiu correndo, radiante. A palestra foi um sucesso, com mais de 300 pessoas na plateia. A única desvantagem, disse ela, foi ter de sair correndo, sem se despedir. Com entusiasmo, relatou que havia falado sobre o desafio da equipe e que todos estavam torcendo por eles.

Enquanto isso, em Helsinque, Max, após 20 horas de espera, celebrava a iminente vitória. Às 16h, ele começou a contagem regressiva para o momento de abrir o champanhe.

Com apenas uma hora para o fim do prazo, o ônibus de Liz cruzou a última fronteira, rumo a Helsinque. A equipe, exausta, mas unida, aguardava em silêncio. Às 19h45, o ônibus chegou à praça central. Liz saltou do veículo e tirou a fotografia que comprovaria a chegada. A imagem foi enviada minutos antes do prazo. Max, em choque, recebeu a mensagem com uma mistura de surpresa e respeito.

A volta para a Cidade do Cabo

Max e Liz estão sentados lado a lado, com um semblante reflexivo na cabine do avião que os levava de volta à Cidade do Cabo.

Liz (olhando pela janela): Incrível como tudo parece diferente visto de cima, não é? Parece que a viagem toda foi um sonho.
Max (com um leve sorriso): Um sonho... ou um pesadelo, dependendo do dia.
Liz (risada suave): Teve seus momentos, confesso. Mas, no fim das contas, valeu a pena. Aprendi mais nestes últimos meses do que em anos.
Max: Concordo. E olha que eu achava que já sabia tudo sobre planejamento e execução.
Liz (erguendo uma sobrancelha): Ah, é? E o que te fez mudar de ideia?
Max (suspirando): A Turquia. Aquele motor... foi um tapa na cara. Eu estava tão obcecado em cumprir o cronograma que ignorei os sinais. Forcei a barra, e o resultado foi desastroso.
Liz: Acontece. O importante é aprender com os erros. E você sempre foi mestre em planejar cada detalhe.
Max: É verdade. Mas o planejamento não é tudo. Eu negligenciei o principal: as pessoas. Achava que bastava dar as ordens e pagar em dia.
Liz: E viu que não é bem assim, né?
Max (balançando a cabeça): A sua equipe... era como uma família. Todos engajados, motivados. A minha... virou um campo de batalha. No fim, cheguei em Helsinque com um bando, e você, com um time.
Liz: Cada um tem seu estilo. O meu é mais colaborativo, de ouvir as pessoas, dar espaço para elas brilharem.
Max: E funciona. Eu vi de perto. Mas como você faz para equilibrar isso com a necessidade de ter planejamento, processos, metas claras?
Liz: É um desafio constante. Mas o segredo é envolver a equipe na definição das metas, de como cumpri-las dando autonomia para eles encontrarem os melhores caminhos. E, claro, acompanhar de perto, dar feedback, reconhecer o esforço. E ser firme na cobrança do que foi acordado.
Max: O tal do "almômetro" que você sempre falava, né?
Liz (rindo): Exato! Se o "almômetro" está baixo, pode ter certeza de que algo está errado.
Max: E como você faz para lidar com os conflitos? Porque eles sempre vão existir, não importa o quão boa seja a equipe.

Liz: Sempre lembrar a equipe do nosso propósito maior. A comunicação também é fundamental. Criar um ambiente de confiança, onde as pessoas se sintam à vontade para expressar o que pensam e sentem. E, claro, ter valores claros, que guiem as decisões e os comportamentos.
Max: Os seus "valores inegociáveis"...
Liz: Exatamente. Eles foram a bússola da nossa viagem.
Max (pensativo): Talvez eu tenha sido muito inflexível. Queria controlar tudo, não dava espaço para as pessoas darem suas opiniões.
Liz: Ninguém consegue fazer tudo sozinho, Max. E as melhores ideias geralmente surgem da troca, da colaboração.
Max: Lição aprendida. E o que você aprendeu nessa jornada?
Liz: Que o planejamento é importante, sim, mas a flexibilidade é essencial. Imprevistos acontecem, e é preciso saber lidar com eles. E que a minha intuição geralmente está certa.
Max (sorriso): Intuição? Você e seus métodos "não científicos"...
Liz (rindo): Funcionam, não funcionam?
Max (concordando): Funcionam. E o que você pretende fazer quando voltarmos para a Cidade do Cabo?
Liz: Quero aplicar tudo o que aprendi na minha empresa. Criar um ambiente mais colaborativo, onde as pessoas se sintam valorizadas e engajadas. E você?
Max: Vou repensar a forma como lidero minha equipe. Dar mais autonomia, ouvir mais, ser mais flexível. E, quem sabe, até contratar uma "gentóloga" para me ajudar.
Liz (gargalhada): Essa eu quero ver!
Max (sério): É sério. Preciso mudar. E essa viagem me mostrou o quanto preciso. Nunca mais quero trabalhar como um bando.
Liz: Que bom, Max. Fico feliz em ouvir isso.
Max: Obrigado, Liz, por me mostrar que existe outra forma de fazer as coisas. Aliás você poderia me ajudar nisso, que tal? Quero aprender com você como montar um time autogerido de alta performance.
Liz (com um sorriso sincero): Por que não? Em troca você também pode me ajudar a melhorar os processos na minha empresa. Que tal?
Max: Fechado!

O silêncio se instala entre eles, mas não é um silêncio constrangedor. Pelo contrário, é um silêncio de cumplicidade, de respeito mútuo. Ambos olham para a frente, para o futuro, com a certeza de que a experiência compartilhada os transformou para sempre. A rivalidade, antes acirrada, deu lugar a uma amizade genuína, construída sobre o aprendizado e o crescimento. E, enquanto o avião corta os céus em direção à Cidade do Cabo, Max e Liz vislumbram um horizonte de novas possibilidades, onde planejamento, execução e a sabedoria de como lidar com as pessoas caminham juntos para gerar mais valor e resultado.

Bibliografia

ABRASHOFF, D. Michael. *Este barco também é seu:* práticas inovadoras de gestão que levaram o USS *Benfold* a ser o melhor navio de guerra da Marinha americana. São Paulo: Cultrix, 2022.

BARRETT, Richard. *A organização dirigida por valores:* liberando o potencial humano para a performance e a lucratividade. Rio de Janeiro: Alta Books, 2017.

BRADY, Chris; FORDE, Mike. *Carlo Ancelotti:* liderança tranquila. São Paulo: Grande Área, 2018.

DOMINGOS, Carlos. *Oportunidades disfarçadas.* Rio de Janeiro: Sextante, 2024.

JOLY, Hubert. *O coração do negócio:* como colocar pessoas, propósito e valores no centro da sua estratégia. Rio de Janeiro: Sextante, 2021.

KARPMAN, Stephen. *O triângulo do drama.* [*s.l.*]: [*s.n.*], [*s.d.*].

MARQUET, L. David. *Mude de direção!:* uma história verídica sobre a transformação de seguidores em líderes. Rio de Janeiro: Alta Books, 2023.

McCHESNEY, Chris *et al. As 4 disciplinas da execução:* alcance suas metas crucialmente importantes. 2. ed. revista e atualizada. Rio de Janeiro: Alta Books, 2022.

McCHRYSTAL, General Stanley *et al. Time de times:* liderando equipes em um mundo em transformação. São Paulo: LVM, 2022.

OPERA EDUCATION. *Pesquisa Anima e Desanima:* Relatório de pesquisa. Brasil, 2022-2023.

PERLOW, Leslie A.; NOONAN HADLEY, Constance; EUN, Eunice. Stop the meeting madness. *Harvard Business Review*, 2017.

PROJETO ARISTÓTELES. Google. [s.l.]: [s.n.], [s.d.].

ROTTERDAM SCHOOL OF MANAGEMENT. *The bad apple effect*. [*s.l.*], 2006.

SHAW, Robert Bruce. *Extreme teams:* why Pixar, Netflix, Airbnb, and other cutting-edge companies succeed where most fail. Nashville: HarperCollins Leadership, 2022.

SINEK, Simon. *Comece pelo porquê:* como grandes líderes inspiram pessoas e equipes a agir. Rio de Janeiro: Sextante, 2023.

TAYLOR, Frederick W. *Shop management*. [*s.l.*]: [*s.n.*], 1903.

URY, William. *O poder do não positivo:* como dizer não e ainda chegar ao sim. Rio de Janeiro: Campus, 2007.

Índice remissivo

A
Accountability 97
Agir com ética 87
Agir sem ética 87
Alçadas de decisão 121
Alinhamento 153
  de direção 70, 84
  de expectativas 96, 105
  de foco 47
Ambiente de confiança 133, 152, 163
  gestão 163
  rituais 163
  transparência 163
Ansiedade 39
Atividades-chave de sucesso 53
Autoavaliação 159
Autonomia 7
Autorresponsabilidade 23

B
Bando 3
Bondade 170
Burnout 39

C
Caso Mercur 92
Categorias (*clusters*) 64
Check-out 148
Clareza 141
Comprometimento 23
Conexão 137
Confiança 28
Conflitos 156, 159
  construtivos 158
  destrutivos 157, 159
  realidade 161
Consciência compartilhada 188
Contratação 30
Conversas difíceis 159
Criatividade 50
Cultura 80/20 61

D
Deal breakers 17
Depressão 39
Desapego do ego 145
Desenvolvimento 153

E
Egocêntricos 29
Encontro de necessidades 155
Escuta ativa 160
Espírito questionador 50
Estrutura de alçadas 122

F
Falhas de comunicação 119
Feedback 152, 153
Felicidade 16
Fit cultural 29
Foco 76
Formação de times 186
Fraqueza 44
Frederick Winslow Taylor 1

G
Geração de valor 48
Gostei/gostaria 147
Governança 114, 142
Governança coletiva 115
Grupo 3

H
Harmonia artificial 157, 160
Henri Fayol 1
Heróis corporativos 38
Honestidade 86

I
Indicadores de desempenho 172

K
Kanban 174
Key Performance Indicators 173

L
Lealdade 28
Liderança autoritária 6
Liderança caótica 5
Liderança de alta performance 6
Liderança explícita 9
Liderança permissiva 5
Líder anti-herói 43
Líder-comandado 192
Líder herói 43
Líder-líder 192

M
Matriz de valor 66
Matriz RACI 123
  aprovador 124
  consultado 124
  informado 124
  responsável 124
Mentalidade questionadora 30
Mente Coletiva 139
Mercenários 71
Metas 96
Metodologia 4DX 174
Missão 73
Missionários 71

N
Necessidade 170
Necessidades humanas 15
  básicas 15
  crescimento 15

O
Objectives and Key Results 174
Objetivos 96
Objetivos e resultados-chave 100
Organizações sigilosas 171
Organizações transparentes 171

P
Perfil comportamental DISC 25
  conformes 27
  dominante 27
  estáveis 27
  influentes 27
Perfil conforme 199
Perfil dominante 197
Perfil estável 199
Perfil influente 198
Perfis comprometedores de desempenho 29
  crítico destrutivo 29
  fofoqueiro 29
  preguiçoso 29
  reclamão 29
Pontos de atrito 117
Princípio de Pareto 63
Propósito 74, 140

R
Relação disfuncional 38
  herói 38
  triângulo dramático 38
  vilão 38
  vítima 38
Responsabilidades 121
Reuniões curtas 149
Reuniões facilitadas 134
Reuniões *one-on-one* 167
Revolução digital 11
Revolução Industrial 1
Rituais 163
  metodologias ágeis 166
Ritual eficiente 164

S
Ser excepcional 59
Stanley McChrystal 187

T
Team building 142
Team players 155
Time 4
Time de times 188, 200
Times autogeridos 116
Transformação de conflitos 156
Transformação de conflitos 152
Transparência 86, 167

V
Valores desejáveis 86
Valores inegociáveis 84, 86
Verdade 170
Vulnerabilidade 44